# 山之声

やまのおと

かわばたやすなり

Kawabata Yasunari

[日]川端康成 著　谭晶华 译

CTS 湖南文艺出版社
HUNAN LITERATURE AND ART PUBLISHING HOUSE

目录

# 山之声

## 一

尾形信吾微皱着眉、稍张着嘴，好像在想什么。不过，在旁人眼里，也许不像在想事，仿佛正在悲伤。

儿子修一早就注意到父亲的神情，因为他一向这样，因而并不担忧。

儿子知道得更清楚，与其说父亲在想事，毋宁说那是他要想起什么。

父亲摘下帽子，用右手指捏着放在膝盖上。修一默默地拿起来，给他放到电车的行李架上。

“哎，我说……”这种时刻，信吾的话总说得不利落，“上次回去的女佣，叫什么来着？”

“是加代吗？”

“啊，是加代！她什么时候回去的？”

“上周四，五天前吧。”

“五天前？五天前走的女佣，长相、衣着都记不清啦！真吓人。”

修一觉得父亲有点夸大其词了。

“加代呀，在她回去前两三天吧，我出去散步，想穿木屐。我说，这是脚癣吧，而加代说，是屐带擦伤的。我当时还挺佩服，觉得她词用得好。因为上一次散步屐带蹭的伤，她用敬语说的，听上去挺婉转，令人钦佩。可是，现在我才发现，她说的擦伤，并没有用敬语[1]，是屐带一词省略的音。没什么好佩服的。加代的重音有问题，我上了重音的当，刚才才发现。”信吾说，“你能给我用敬语说说‘擦伤’吗?”

“‘擦伤’。”

“屐带‘擦伤’呢?”

“屐带‘擦伤’。”

“对嘛，我的想法果然不错，加代的重音错了!”

父亲是在外地出生的，对东京的重音缺少自信，修一是在东京长大的。

“我以为她是用敬语说‘擦伤’呢，所以听上去觉得文雅、舒服。她送我出大门后就坐在那儿。现在想到屐带的发音，才发现自己完全搞错了，于是便想不起那女佣的

---

1 “屐带擦伤”日语发音为“OZURE”，信吾原以为是在“擦伤”一词前加了表示敬语的“O”，两者发音相同，但重音不同。

名字，连长相、服装都记不清了。加代在我们家该有半年了吧？”

“是的。”

修一已经习惯了，对父亲丝毫不予同情。

对信吾自己来说，虽然已习以为常，却还是感到有点恐惧。无论怎样试图想起加代，记忆总不清晰，这种头脑空空如也的焦急，有时会因为沉浸在伤感之中而有所缓解。

眼下也一样，信吾觉得加代好像在门口双手扶地，稍稍探出身子问：

“是擦伤吧？”

这位名叫加代的女佣来了半年，留在自己记忆中的却只有在门口相送的这一情景。想到这里，信吾似乎感知了正在逝去的人生。

## 二

信吾的妻子名叫保子，六十三岁，比他大一岁。

他们有一对儿女。大女儿房子生有两个女孩。

保子看上去显得年轻，不像年长的妻子。其实信吾也并不那么老相，只是照一般的常规，妻子的年龄总该小些。不过他俩看上去倒也般配，也许是保子个子小又壮实、健康的缘故吧。

保子不漂亮，年轻时看上去比信吾岁数大，所以不愿与信吾一起外出。

看上去丈夫大、妻子小，那是从多大岁数开始的呢？信吾想也想不清楚。估计是过了五十五岁之后吧。照理女人老得快，但事实正好相反。

去年在花甲的岁数上，信吾吐过一点血，好像是从肺里吐出来的，但他既没有仔细去检查，也没有正经八百地休养，后来倒也没事。

信吾没有因此而衰老，皮肤反而变得干净了，卧床半个月，眼睛和嘴唇的颜色好像还显得年轻了似的。

信吾从来没感到有肺结核的症状，刚到六十岁便咯血，不免叫人觉得凄惨，所以他有意不叫医生检查。修一把这看作老人的顽固。但信吾自己却不这么认为。

或许是因为健康，保子睡得很好，有时信吾觉得是保子的鼾声使自己在半夜醒来。保子从十五六岁起就有打鼾的毛病。据说，父母亲曾费心为她矫治过，结婚后就不打了。可过了五十，她竟又打起鼾来。

那时信吾会捏住保子的鼻子推推她，再不停，便掐住她的喉咙摇晃，这是在心情好的时候。要是在心境不佳时，他会觉得这是具长年伴着自己的老丑的肉体。

今夜属于心情不好的时候，信吾打开电灯，斜眼看着保子的脸，抓住她的脖子摇晃。他微微出了汗。

难道只有妻子打鼾的时候，自己才会伸手去碰她的身体吗？一想到这里，信吾不由得感到无限的悲哀。

他捡起枕边的一本杂志，天气闷热，便起床拉开一扇木板套窗，蹲在那里。

一个有月亮的夜晚。

菊子的连衫裙挂在窗外，耷拉着，发白的颜色令人讨厌。信吾看了，觉着是忘了收进洗好的衣服，也或许是更想让夜间的露水打掉上面的汗水。

“吱、吱、吱”的叫声在庭院里响起，是左边樱树上的蝉在叫。信吾不信蝉竟会发出如此可怕的声音，然而那确实是蝉。

蝉是否会害怕噩梦呢？

蝉飞进屋子，停在蚊帐的底边。

信吾抓住蝉，它却没叫。

信吾嘀咕：“是个哑巴。”不是“吱吱”叫的那只。

于是信吾把那只蝉用力扔向左边高高的樱树，免得它再冲着亮处飞来。但没有肯定能扔到树上去的感觉。

信吾抓住套窗，朝樱树望去，不知道蝉是不是停在树上。月夜令人感到深邃，其深度横向扩展，直到遥远处。

还不到八月十日，虫儿却已在鸣叫了。

夜露从树叶上滴落的声音传来。

于是，信吾忽然间听到了山之声。

没有风。接近满月的月亮皎洁明亮，潮湿的夜间空气使树木覆盖的小山的轮廓变得模糊了，然而，它没有被风撼动。

信吾所在的走廊下，凤尾草的叶子也没有动。

在镰仓所谓的低洼地深处，有时夜间可以听到海浪声，因此信吾怀疑这是海的声音，然而到底还是山之声。

像是远处的风声，又可称为地鸣，深沉有力。这声音好像传到了脑海中。莫不是耳鸣吧，信吾摇了摇头。

声音停止了。

声音消失后，信吾才感到恐惧。他身子发冷，心想：难道这是在预告自己的死期吗？

信吾冷静地思考着这是风声、海声还是耳鸣，好像都不是，自己听到的的的确确是山的声音。

恰似魔鬼通过山岭发出山之声一般。

在充满水汽的夜色里，山前的陡坡就像是竖立着的一面黑暗的墙壁。那不过是信吾家的庭院里修筑的小山，说是墙壁，看上去就像切开的半只鸡蛋立在那里似的。

旁边和后面都有小山，发出声音的像是信吾家的后山。

小山顶上的树木之间，透过树叶可以看到几颗星星。

信吾拉上套窗，想起了一件怪事。

大约十天之前，他在新房子的客厅里等待客人，客人没有来，艺妓也只来了一位，还有一两位迟到了。

“解掉领带吧，太热了！”艺妓说。

“嗯。”

信吾任由艺妓为他解掉领带。

那位艺妓把领带放进壁龛边信吾上衣的口袋后走过来，虽然与信吾并不熟悉，却和他开始聊起自己的经历。

艺妓说，两个多月之前，她和建造这间客厅的木匠曾想情死，可是在要吃下氰化钾的时候，艺妓却怀疑这点分量是否能够正好致死。

“他说，致死量不成问题，这分开包好的两包不足以证明吗？里面确实包着呢！”

艺妓无法相信。一旦怀疑上，疑心就会越来越重。

“谁给包的？为了让他和我这个女人吃苦头得到惩戒，也许改变了剂量。我问他是哪个医生或药房给的，他说不上来。你看，这不很怪吗？两人都要死去了，有什么不能说的！事后是不可能再知道的！”

“这是说相声吗？”信吾想说而没说。

艺妓坚持说要请人称过分量再行情死。

“我还随身带着呢！”

信吾觉得此事奇妙，耳中留下的只有“建造这间客厅的木匠”那句话。

艺妓从钱包里拿出包药的纸包，打开让信吾看。

信吾“嗯”了一声，只是看了一眼。他搞不清楚那是氰化钾还是别的什么。

信吾拉上套窗，同时想起了那位艺妓。

信吾上了床，他没能弄醒六十三岁的妻子，把听到山之声的恐怖告诉她。

## 三

修一在信吾的公司工作，还起着帮助父亲记忆的作用。

保子更是理所当然，连修一的媳妇菊子也承担着为信吾记事的职责。一家有三人承担着帮助信吾记忆的义务。

在公司里，信吾办公室的女办事员也在帮他记事。

修一来到信吾的房间，从角落处的小书橱里抽出一本书来，哗啦哗啦地翻着。

“哎呀，你瞧！”他说着走到女办事员的桌边，把翻开的一页让她看。

“什么呀？”信吾微笑着问。

修一把打开的书拿了过来。

——在这里，贞操观念业已消失，男人无法忍受久爱一位女性的痛苦，女人也无法忍受只爱一位男性的苦恼，双方为了能够快乐地、更长久地爱对方，互相在寻找钟爱以外的男女。这就是巩固各自中心的办法……

书上这样写着。

“这里是哪儿呢？”信吾问。

“是巴黎。小说家的欧洲纪行。”

信吾的头脑对警句和辟论已相当迟钝，不过他觉得这既非警句也非辟论，倒像是出色的洞察。

修一并不是对这句话铭感，他准是想在下班后带女办事员出去，所以才机灵地与她互相示意。信吾嗅出了这里的味道。

出了镰仓站，信吾思忖：究竟是与修一一起回家好呢，还是比他晚回的好？

因为从东京下班的人太多，公共汽车很挤，信吾就步行回去了。

他站在鱼店门口张望，老板向他打招呼，于是他走进了店铺。装有对虾的桶里，水浑浊得有点发白。信吾用指尖戳了戳龙虾，大概是活龙虾吧，却一动不动。海螺很多，他决定买海螺。

老板问："要几个？"信吾一下子应不上来。

"对了，三个，拣大的。"

"给您切成片吧。"

"好！"

老板和他的儿子用菜刀尖插进海螺。搂海螺肉的刀刃与海螺壳摩擦发出的吱嘎声，让信吾十分讨厌。

在自来水龙头处冲洗过后，老板飞快地切着海螺肉。这时，两个姑娘在店铺前站定。

"要什么？"老板边切边问。

"请给我竹荚鱼。"

"要多少？"

"一根。"

"一条？"

"对！"

"一条？"

那是个头较大的小竹荚鱼。姑娘并不在意老板那露骨的态度。

老板用纸片抓住鱼递给姑娘。

站在她身后如同重叠一般的另一位姑娘轻轻地捅了一下前面姑娘的胳膊说："不是不要鱼吗？"

前面的姑娘接过竹荚鱼，又看着龙虾。

“那种虾到星期六还有吗？我的相好可喜欢呢！”

后面的姑娘不再吱声。

信吾一惊，偷偷看了看那姑娘。

这是近一时期的娼妓，整个脊背裸露着，穿着布拖鞋，体态不错。

鱼店老板把切好的海螺肉归拢到砧板的中央，分装到三只海螺壳中，脱口而出：“那种人镰仓也多起来了。”

信吾对鱼店老板的口吻感到十分意外，说：“不过，不是挺好吗？我很钦佩！”不知为什么，他持否定意见。

鱼店老板随随便便地塞着海螺肉，三只海螺肉被放混了。每一只海螺壳里放入的大概不是原生的肉吧，信吾莫名其妙地很注意这细微处。

今天是星期四，到周六尚有两天，不过近来龙虾在鱼店常有售卖。信吾想，那位野性的姑娘会怎样去做一只龙虾呢？是给外国人吃吗？不过，龙虾煮也罢，烤也罢，蒸也罢，终归是一个野蛮而又简单的菜。

信吾确实对姑娘怀着好感，可事后他不得不感到这是因为自己有些寂寞。

明明家里有四个人，可他只买了三只海螺。信吾知道修一不回家吃晚饭，而且并不清楚这样是否会使媳妇菊子多心，当鱼店老板问要买几个时，信吾无意中把修一那份省去了。

信吾在途中的蔬菜店又买了银杏。

## 四

虽然信吾史无前例地买来了海鲜，可是保子和菊子都不感到惊异。

她们没有看到理应一起回家的修一，或许是为了掩盖这方面的感情吧。

信吾把海螺和银杏交给菊子，从菊子身后走向厨房。

“给我倒一杯糖水。”

“唉，这就给您拿去。”菊子说。信吾自己拧开了水龙头。

那里放着龙虾和对虾。信吾感到真是巧合，自己在鱼店也想要买虾，不过没想两种虾都买。

信吾看到对虾的颜色后说：

“这可是好虾。”虾的色泽很好，十分新鲜。

菊子用厚刃尖菜刀的刀背敲开银杏，说：“您是特地买的，可是这银杏不能吃呀！”

“是吗？我想这不是吃银杏的季节。”

“给蔬菜店打个电话，就这么对他们说。”

“好的。不过虾和海螺是相似的东西，买得多余了。”

“让我露一手江岛茶馆的厨艺吧。”菊子吐了吐舌头。

“海螺带壳烤，龙虾单烤，对虾做面拖。我买来了香菇，爸爸，上次种在庭院里的茄子可以摘吗？”

“可以。”

“摘小的，再加上少许嫩紫苏叶。对了，还是单炸对虾好吧。”

晚饭的餐桌上，菊子拿出两只带壳烤的海螺。

信吾有点迷惑地说：“海螺不是还有一只吗？”

“哟，我以为爷爷奶奶牙不好，会两个人吃一只的呢！”菊子说。

“什么呀……别说无情的话！家里又没孙儿，为什么叫爷爷？”

保子低着头，哧哧地笑。

“对不起。”菊子轻盈地站起身，拿来了另一只烤海螺。

“菊子说得对，本来就可以两人合吃一只的嘛！”保子说。

信吾从内心感佩菊子说话的随机应变，究竟是买三只还是四只海螺的拘囿倒因此释然，她那天真无邪的话还真有两下子。

也许菊子也想过：留一只海螺给修一，自己就免了；或者自己和婆婆合吃一只。

然而，保子没注意到信吾的心事，迂阔地再提此事：“只买了三只海螺啊，明明有四人，怎么只买三只呢？”

“修一不回家，不是用不着买吗？”

保子苦笑。也许是上了年纪的缘故吧，看上去不像苦笑。

菊子没有露出不悦，也没有问修一去了哪儿。

菊子是八兄妹中最小的妹妹。

上面的七位哥哥姐姐都结了婚，孩子很多。信吾有时会想到菊子父母那遗传的旺盛的生殖能力。

菊子的哥哥姐姐的名字，信吾至今记不清，为此菊子常常抱怨。至于那众多的外甥、侄儿的名字，就更记不得了。

菊子出生前，母亲已经不想再要孩子，而且还以为自己已不能生育。她为自己这把年纪生孩子而羞耻，诅咒自己的身体，虽然尝试过堕胎却失败了。因为难产，菊子是用产钳钳住额头拉出来的。

菊子是听母亲说的，她对信吾也这么说。

对于把这种事讲给孩子听的母亲以及又把这事说给公公听的儿媳，信吾都感到难以理解。

菊子用手掌按下额发，露出额前不很明显的伤痕。

那以后，信吾有时看到菊子额头的伤痕，会觉得她忽然间变得可爱了。

然而，菊子到底是个最小的孩子，与其说受到娇纵，莫如说她得到大家无拘无束的关爱。她总有点纤弱的感觉。

菊子刚嫁来的时候，信吾发现她摆动肩胛时不知怎的总是很美，令人明显感到那是一种新的媚态。

从苗条、白皙的菊子身上，信吾想起了保子的姐姐。

少年时代，信吾心中向往的是保子的姐姐。姐姐死后，保子去姐夫家工作，照看姐姐的遗子。她忘我地工作，试图在姐姐之后做得更好。姐夫是美男子，保子很爱他，不过她又一心想着姐姐。虽是同胞姊妹，可姐姐美得叫人难以置信，对保子来说，姐姐和姐夫是最为理想的一对。

尽管保子对姐夫和遗子都适合，但姐夫却装着不了解保子的真心，尽情游荡。保子似乎甘愿过这种生活，打算牺牲自我做奉献。

信吾是知道这些情况后与保子结婚的。

在三十多年后的今天，信吾并不认为自己的婚姻是错误的，漫长的婚姻未必会受到开始时的支配。

然而，保子姐姐的面影总是留在他俩的心底。信吾和保子都不提及姐姐的事，却并不意味着已将她忘却。

儿媳菊子来到家中后，信吾的回忆会出现闪电般的光亮，也并非病态。

修一与菊子结婚尚不满两年，却已有了外遇，这是信吾感到惊异的事。

与农村出身的信吾的青年时代不同，修一无论在情欲还是在恋爱方面都不曾有过苦恼，也看不到他的郁闷。修一究竟是何时第一次与女人发生关系的呢，信吾也吃不准。

现在修一的情妇准是个卖淫女或娼妓类型的女人，信吾感到憎恨。

修一会约上公司的女办事员去跳舞什么的，信吾怀疑这是他在遮掩父亲的耳目。

他的情妇恐怕不是这样的小姑娘吧，信吾禁不住从菊子身上产生这种感觉。自从有了那女人，修一与菊子的夫妻生活突然大有进展，菊子的体态也变了。

吃海螺的那个夜晚，信吾醒来时，听到了不在眼前的菊子的声音。

菊子对修一情妇的事一无所知啊！信吾察觉到。

“父母要用一只海螺赔礼吗？”他像在喃喃自语。

不过，不知情的菊子不会受到那坏女人风浪的冲击吧。

迷迷糊糊地到了清晨，信吾到外面去取报纸。月亮高高地留在空中。他粗略地看了看报纸，又打了个盹儿。

## 五

在东京站，修一敏捷地跳上电车占了座位，又换给后上车的信吾坐下，自己站着。

修一把晚报递上，又从自己的衣袋里掏出了信吾的老花眼镜。信吾自己也戴着眼镜，不过他放在哪儿容易忘记，所以让修一带着备用。

修一从晚报的上方朝信吾弯下腰去说："今天谷崎有个小学的朋友想去当女佣，就托了我。"

"是吗，若是谷崎的朋友不会不方便吧？"

"那又为什么呢？"

"那女佣向谷崎打听后，也许会把你的事告诉菊子的。"

"真傻。说什么呢？"

"嗐，知道一下女佣的身份总可以吧。"信吾看着晚报。

下了镰仓站，修一又开了口。

"是谷崎对爸爸说了我什么吧？"

"什么也没说，她好像被弄得无法开口说话。"

"哎？真讨厌！我要是对爸爸办公室里的办事员做什么，爸爸也有失体统，岂不让人笑话！"

"那还用说！不过，你还是别让菊子知道！"

修一好像并不打算隐瞒。

"是谷崎说的吧。"

"谷崎是明明知道你另有女人还想跟你玩的吗？"

"大概是吧。那多半是吃醋！"

“真没治！”

“分手了，正要分手呢。”

“你的话我可不明白。你慢慢给我说说这是怎么回事。”

“分手之后再慢慢告诉你。”

“反正你别让菊子知道！”

“是的。不过，菊子恐怕已经知道了。”

“是吗？”信吾不高兴地沉默了。

回家后，他仍然不悦，用过晚饭便离开餐桌，走进了自己的房间。

菊子送来了切好的西瓜。

“菊子，你忘了盐！”保子随后跟来。

菊子和保子顺势在走廊上坐了下来。

“我说你呀，菊子叫爸爸，西瓜西瓜的，你没有听见吗？”

“没有听见啊。我知道有冰镇的西瓜。”

“菊子，他说没有听见！”保子冲着菊子说，菊子也面向保子说：“这是因为爸爸在生着气呢！”

信吾沉默了一阵，然后说：

“最近的听觉变得十分奇怪。上次，半夜里我打开那边的套窗纳凉，听到了一种山鸣似的声音。你婆婆呼呼酣睡着呢！”

保子和菊子都看着后面的小山。

“有山鸣这种事吗？”菊子说。

“有一次我听妈妈说过，她的姐姐去世之前也听到过山鸣，妈妈，是这样说过的吧？”

信吾吃了一惊，他觉得把这件事忘得一干二净真是不可救药，听到山之声时，怎么会没想起这件事呢？

菊子说出这事后好像担心起来，屏着气，美丽的肩膀一动不动。

## 蝉之羽

### 一

女儿房子带来了两个孩子。

大孩子四岁，小的刚出生不久。按其间隔计算，第三个孩子理应还有一段时间，不过，信吾最终还是坦然自若地问：

“以后不生了吗？”

“爸爸，您又来了，真烦人！上次您不是说过了吗？”

房子很快让小的孩子仰卧，解开包裹着的东西。

“我们家的菊子还没有吗？”

虽然她也是无意间问的，但是菊子瞅着婴儿的脸竟一下子僵硬了。

“把这孩子在这儿放一段时间吧。”信吾说。

“是国子，不是这孩子！那不是请外公取的名字吗？”

注意到菊子脸色的好像只有信吾，不过，信吾并不介意，他疼爱地望着被解开的婴儿正在活动的光脚。

“这样解开好，他很舒服，刚才太闷热了吧？”保子说着向前蹭，一边逗弄似的从他的下腹部拍到大腿，一边说：

“妈妈带姐姐到澡堂，去擦把汗吧。”

“手巾呢？”菊子站起身来。

“我带来了。”房子说。看来她是打算住上几天的。

房子从包袱中取出手巾和替换的衣服，大孩子里子紧靠着她的脊背，默不作声地站着。这孩子来后还没说过一句话。从后面看去，里子一头浓黑的头发很醒目。

信吾见过房子带来的行李包袱，不过，他只能想起自己家也有过这样的包袱皮。

房子背着国子，牵着里子的手，提着包袱从电车站步行而来。哎呀呀，信吾真感到惊愕。

这样牵着手步行时，里子很不配合，她是个母亲为难吃力时便会哭闹着缠磨人的孩子。

信吾心想，因为菊子的仪容整洁，保子大概不好受吧。

房子去澡堂后，保子抚摩着国子的大腿内侧发红的地方说：

“我总觉得这孩子比里子更可靠。”

“因为是在父母不和之后出生的吧。”信吾说。

“里子出生之后父母才不和的，受到影响了吧。”

“四岁的孩子懂吗？”

“懂啊，有影响的。”

“里子嘛，是天生的……”

婴儿突然以出人意料的方法翻身伏卧，向前爬着，她抓住纸槅门站立起来。

“啊、啊！”菊子张开双臂走过去，扶住婴儿的双手，并让她朝隔壁房间走去。

保子忽然站起身，捡起房子包袱边的钱包查看。

“喂，你干什么？”信吾压低嗓门儿，声音却在颤抖，“住手。”

“为什么？”保子从容不迫。

“叫你别翻，住手！你这是干什么！”信吾的手指在颤抖。

“又不偷她的。”

“比偷还坏！”

保子把钱包放回原处，不过她就地而坐，说道：

“看看女儿的情况，有什么不好。一到娘家，自己又不能马上为孩子买点心的话可不好办。再说我也想知道房子的情况。”

信吾瞪着保子。

房子从澡堂回来了。

保子马上告状似的说：“我说房子呀，刚才我看看你的钱包，你爸爸正训斥我呢。不好之处，请多原谅！”

“什么不好？”

保子对房子这样说，让信吾更加讨厌了。

信吾思忖：也许如同保子所说，母亲与女儿之间这样的事没关系。可他一生气身体就颤抖，上了年纪的疲惫仿佛从身体最深处冒出来似的。

房子看看信吾的脸色。比起母亲窥其钱包，父亲的愠怒或许更叫她惊异。

“可以看嘛，请便。”她有点豁出来的味道，“啪”地把钱包扔到母亲的膝盖前面。

这又使信吾生气。

保子并不想向钱包伸出手。

“反正里面什么也没有，因为相原认为我没有钱就无法逃跑了。”

由菊子扶着走路的国子忽然脚一软摔倒了，菊子把她抱了过来。

房子从下面撩起衬衫，给孩子喂奶。她不漂亮，身材却很好，胸脯的形状尚未变形，乳汁很多，乳房丰满。

“今天是星期天，修弟也出门了？”房子问起了弟弟。她大概是意识到自己必须缓和一下父母之间不愉快的气氛。

## 二

信吾回到自家附近，仰头望着别人家的向日葵花。

他边看边走到花的正下方。向日葵长在门边，花朝门口下垂着。这样，信吾正好挡在门口，妨碍人家进出。

这户人家的女孩回来了。她站在信吾的身后等着，并不是因为她无法从信吾身边穿过，而是因为她认识信吾，于是就那样等着。

信吾发现了姑娘，说："好大的花呀，真漂亮！"

姑娘有点羞怯地微笑着。

"我们只留了一朵花。"

"只留一朵呀，难怪开得这么大。开了很久了吗？"

"是的。"

"开了多少天啦？"

十二三岁的姑娘答不上来。她一边想一边抬头看着信吾的脸，然后又和信吾一起仰视着葵花。姑娘的皮肤晒得黑黑的，脸盘胖而圆，可手和腿却很瘦。

信吾想为女孩让出路来。他朝对面望去，见二三幢屋子的前方也有向日葵花。

对面的一株向日葵开了三朵花，但花的大小只有女孩家的一半，开在花秆的顶端。

信吾离开女孩的家门口，又扭过头去仰视葵花，只听见菊子叫道："爸爸！"

菊子站在信吾身后，菜篮子边上露出了毛豆子。

"您回来了，在看葵花吗？"

信吾觉得比起说看葵花，说自己没带修一一起回来，而独自一人在家门附近观赏葵花，对菊子更不适宜。

"花很美啊！"信吾说，"像是伟人的头颅。"

菊子不由得点点头。

"伟人的头颅"这句话是刚才突然在脑中浮现的，并不是想到后再去赏花的。

信吾这样说的时候，强烈地感到了葵花大而重的力量，也感到了葵花的构造真是秩序井然。

花瓣似乎成了花盘的边缘装饰物，圆盘的大部分是花蕊，隆起般地密密地铺满一层，而且花蕊之间没有争艳的现象，整齐、文静，充满着力量。

花朵比人的头骨还大，它秩序井然的量感，使信吾忽然间联想到人的头脑。

此外，葵花勃勃的自然力的量感，还使信吾想到男性巨大的脑袋。在这葵花的花蕊圆盘中，信吾不知道雄蕊和雌蕊的构成情况，不过，他还是感受到了男性的力量。

夏日的太阳暗淡下去，起了晚风。

花蕊圆盘周围的花瓣犹如女性一般，看上去呈黄色。

信吾迈步离开向日葵，心想：是否因为菊子来到身边，才产生这种怪念头的？

“我嘛，近来脑袋瓜相当糊涂，看到向日葵又想到了脑袋。头脑会不会变得像那花那样清晰呢？刚才在电车里我曾想过，不知能否把脑袋送出去清洗或修理一下？说把脑袋砍下来有点粗鲁，把头从身上暂时卸下，像洗濯物那样，到大学医院去拜托人家受理，将脑袋清洗一下，坏的地方再修理一下，在此期间，身体可以熟睡三天一个礼拜的，既不翻身，也不做梦。”

菊子翻起眼睛说：“爸爸，您累了！”

“是呀。今天在公司里会客，香烟只抽上一口就放在烟灰缸里，再点上一支又搁在烟灰缸里，醒悟过来时，发现相同长度的烟已有三支并排搁在烟灰缸里了。我为此感到难为情。”

信吾在电车里的确空想着要去洗脑的事，不过比起洗净大脑，他更梦想着能有好好酣睡的身子，卸去了脑袋的身体睡眠似乎更加舒服。他确确实实累了。

今天黎明，他做了两次梦，两次在梦中都见到了死人。

“暑期您不去休假吗？”菊子问。

“我是想休假，到上高地去，可又没有地方可以让我卸下脑袋存放。真想去看看大山。”

“您还是去的好。”菊子有点轻佻地说。

“是啊。不过，现在还有房子啊，她好像也是来休息的。这么一来，房子是愿意我在家里好呢，还是不在家好？菊子，你怎么想？”

“唉，您是个好父亲，我真羡慕姐姐。”菊子的语调也怪怪的。

信吾没和儿子一起回家，也许是想拿吓唬和打岔的办法，在媳妇面前掩饰吧。虽然没有这种打算，却多少有点这种味道。

“嗐，你这是挖苦吗？”

信吾说得平淡，菊子却大吃一惊。

“房子那副模样，不会有好父亲吧。”

菊子为难了。她红了脸颊，一直红到耳朵。

“那又不是爸爸不好。”

从菊子的话音里，信吾感到了某种安慰。

## 三

信吾到了夏天也不愿喝冰冻饮料，因为保子不让他喝，不知不觉便养成了这习惯。

早晨起床后也罢，从外面回家也罢，他一准儿要喝上许多热的粗茶，菊子对此相当留神。

看了葵花回家后，菊子便急忙沏好粗茶。信吾喝下半碗，换上浴衣，手持茶碗走到廊子外，边走边啜上一口。

随后，菊子拿来了冷毛巾和香烟，又给茶碗里注满热茶，再去取来老花眼镜和晚报。

信吾用冷毛巾擦脸后，嫌戴上眼镜麻烦，于是就这么望着庭院。

这是一个草地荒芜的院子。院子对面，尽头有一丛胡枝子和芒草，像是野生的。

胡枝子后面有蝴蝶在飞，在绿色的胡枝子叶子间忽隐忽现，看上去像有好多只。信吾等着看蝴蝶是飞到胡枝子上头呢，还是飞向旁边，可是它总是在胡枝子的后面飞动。

看着看着，信吾觉得，那胡枝子的背后或许有个小世界。在胡枝子叶子间时隐时现的蝴蝶翅膀真美。

信吾忽然又想起上次那个将近满月的夜晚，透过后面小山树木间看到的星星。

保子过来坐在廊边，扇着圆扇问："今天修一晚回家吗？"

"是啊！"信吾的脸朝着庭院方向说，"那胡枝子后面有蝴蝶，看见了吗？"

"是的，看见了。"

可是，蝴蝶好像不愿被保子找到似的，此时飞到了胡枝子的上方。共有三只。

"有三只呀，是凤蝶。"

那是一种体型小、颜色暗淡的凤蝶。

蝴蝶在板壁上划出一道斜线，飞到邻居家的松树跟前。三只蝴蝶呈纵队，队形不乱，间隔均等，从松树的正中很快高飞到树梢。那松树长得很高，不像栽培的庭院树木。

又过了一会儿，一只凤蝶从想不到的方向低低地掠过庭院，贴着胡枝子上方飞去。

“今天早晨睡醒之前，做过两次死人的梦。”信吾对保子说，“龙泉屋家的小叔子还请我吃面条呢！”

“你吃了那面条吗？”

“怎么？哎呀，吃了不好吗？”

信吾想，难道梦中吃了死人招待的食物就会死掉，会有这种事吗？

“记不清了，我好像没有吃。他端出了一笼屉蘸汁吃的荞麦面。”

他好像没吃就醒了。信吾此刻还清楚地记得那笼屉外面是黑漆，里面是红漆，正方形的笼框里铺着竹帘，还有在梦中见到的荞麦面的颜色。

他搞不清究竟是梦中见到那颜色的，还是在睡醒之后觉得有那种颜色，反正，现在只记得那荞麦面，其他的都模糊了。

一笼屉荞麦面直接放在榻榻米上，信吾好像站在荞麦面的跟前，而龙泉屋和他的家人们都坐着，谁都没有垫着坐垫。信吾觉得自己一直站着，有点奇怪。但似乎又确实是站着的。他模模糊糊，只记得这些。

从梦中刚醒来时，梦记得很清楚，之后再次睡着到今早起床，就记得更加清晰了。然而到了傍晚，几乎又全记不清了，只有笼屉里荞麦面的场景隐隐约约地浮现在脑中，前后的经过全消失了。

龙泉屋是三四年前年过古稀去世的一位制造细木器的木匠所造，信吾喜欢他那老式的手艺人的气质，便请他做事，但是，关系并未亲密到过了三年还会梦见他的程度。

梦中端出面条的地方可能是作坊里面的餐室，信吾站在作坊里与餐室里的老人说话，却没有进入餐室。他不明白为什么会做这个被招待吃面的梦。

龙泉屋家有六个闺女。

信吾在梦中接触过的一个姑娘，是不是他六个闺女中的一位，到现在黄昏之时，已经想不起来了。

信吾确实记得有过接触，却记不起她是谁，脑中连回想的线索也压根儿不记得。

梦醒之时，似乎还很清楚对方是谁，之后睡了一觉，到今晨也许还知道对方是哪一位，可是到了傍晚的此刻，已经一点儿也想不起来了。

因为是龙泉屋的梦的延续，信吾想，或许那姑娘就是龙泉屋家的一位闺女，却又全然没有实感，最重要的是，他想不起龙泉屋家闺女们的面貌了。

可以肯定是梦的延续，却搞不清与吃荞麦面的前后关系。醒来时，荞麦面的情况似乎记得最清楚，信吾到现在还记得。然而，如果这个梦是因为接触了姑娘而惊醒的，岂不更符合做梦的规律？

是否还有更刺激梦醒的因素呢？

这一点的前后经过也一点儿记不清了，对方的形象已全然消失，想不起来。信吾现在记得的只有模糊的感觉。身体不舒适，没有反应，呆头呆脑。

事实上信吾并没有与这种女人交往的经历。在梦里不知是谁，反正是位姑娘，但是，实际上是不可能的。

信吾六十二岁了，很少做猥亵的梦，但是这个梦十分无聊，说不上猥亵，对此，他醒后感到很诧异。

这个梦之后，信吾马上睡着了，不一会儿，又做了个梦。

身体高大、肥胖的相田拎着一升的酒壶走进信吾家，他好像已经喝了不少，脸色通红，毛孔敞开，动作中也可以看出醉意。

这个梦只记得这些。信吾的家究竟是现在的还是以前的也搞不清楚。

大约在十年前，相田还是信吾公司的主要领导，去年岁末因脑溢血去世。去世前几年，他瘦了下来。

“之后，我又做了个梦，这一回是相田拎着一升酒壶来我们家呀！”信吾对保子说。

“相田先生？若是相田，他不是不喝酒的吗？真是奇怪。”

“就是嘛。相田是个老哮喘，因脑溢血病倒时，是痰堵在嗓子眼儿里死去的。他是不喝酒的，倒是经常拎着药瓶走路。”

然而，信吾的脑海里历历在目地浮现出的是相田大步流星地走来的身影，宛如酒仙一般。

“于是，你就和相田先生痛饮起来了？”

“没喝，他正朝着我坐的地方走来，还没等到他坐下来，我好像就醒了。”

“真讨厌，去世的人梦见了两位。”

“他们是来接我的吧。”信吾说。

到了这个岁数，要好的人大都去世了，梦中出现故人也许是理所当然的。

不过，龙泉屋和相田都不是以死者而是以活人的面目出现在信吾的梦中的。

而且，今天早晨梦中的龙泉屋和相田的相貌、身影十分清晰，远甚于平时的记忆。相田喝醉的红脸，实际上并不存在，可信吾连那汗毛孔敞开着的细节都记得。

龙泉屋与相田的样子可以记得如此清楚，可同样在梦中接触的姑娘的模样却不记得，也搞不清她到底是谁，这又是为什么呢?

信吾疑心这是自己于心不安而巧妙地遗忘的，可又不一定，因为自己并没有醒来进行道德上的反省，而是睡着了。他只记得自己有一种感觉上的失望。

然而，为什么会做这种感觉失望的梦呢? 信吾并没有感到奇怪。

他也没有把这一点告诉保子。

厨房里还在准备晚饭的菊子和房子的说话声传了过来，她们的声音似乎太响了些。

## 四

每天夜里都有蝉从樱树上飞进家来。

来到院子里，信吾顺便到那棵樱树下去看看。

向四面八方振翅飞去的蝉的飞舞声响起。信吾对蝉的数量感到吃惊，对它们飞舞的声音也很惊异。他觉得这像是麻雀群飞时的声音。

抬头仰望这棵大樱树，只见还有蝉在不停地飞。

满天的云朵向东面移去，天气预报说九月一日前后没事，可是信吾觉得今晚或许会风雨交加，气温下降。

菊子走过来问："爸爸，怎么啦？是知了太吵，想到什么了？"

"吵得就像出了什么事一样。总是说水鸟的振翅声怎样怎样，而知了抖动翅膀的声音也叫我吃惊哟！"

菊子的手指捏着一根穿了红线的针。"可它们令人害怕的叫声比振翅声更叫人受不了呀！"

"我倒不介意它们的叫声。"

信吾看了看菊子待过的房间，那儿有刚开始给孩子缝制的红衣服，用的是从前保子长衫的布料。

"里子还是把知了当作玩具吗？"信吾问。

菊子点点头，微微动了动嘴唇，像是说了声"是的"。

东京的里子对蝉很稀罕。可能与她的性格有关，一开始她害怕，房子就用剪刀剪下了秋蝉的翅膀，拿给她。后来，里子一抓到秋蝉，不管是找保子还是找菊子，都要求为她剪下翅膀。

保子对此相当讨厌。她说："房子本不是做这种事的女儿，是她的丈夫使她那样变坏的。"

看到没有翅膀的秋蝉被赤蚁爬满，保子真是气愤至极。

因为保子平时不会为这种事动气，信吾对此既纳闷儿又惊讶。

可是保子会变得如此可怜，或许是有一种不良的预感控制了她吧。信吾知道，问题并不在于蝉。

里子是个有话闷在肚里、性格执拗的孩子。大人妥协剪去秋蝉的翅膀，她还是不开心，目光阴郁，遮遮掩掩地把刚剪去翅膀的蝉丢到院子里。她是知道大人正看着自己的。

房子似乎每天都在对保子发牢骚，不过从她尚未提到何时回去这一点看，也许她还没能说出重要的事。

保子上床睡觉之后，这一天女儿的抱怨就由信吾代受了。信吾漫不经心、置若罔闻，同时可以感觉到房子还有些话没有全说出来。

尽管她感到必须与父母商量，但是出嫁后年已三十的女儿，父母也未必能简单地想通。他们要接受这拖着两个女儿的女儿并非易事，只能顺其自然地再拖到明天。

“爸爸对菊子真好。”房子竟这么说。

晚饭时，修一和菊子都在。

“是的，连我都想好好待菊子。”保子回答。

房子的口吻并不要求回答，可保子还是回答了，她的声音里带着笑，像是要镇住房子。“她对我们呀，可真是特别亲热。”

纯朴的菊子听了婆婆的话猛地红了脸。

保子说得坦率，不过，听上去有点讥讽自己女儿的味道。喜欢看似幸福的儿媳，讨厌看似不幸的女儿，这甚至令人怀疑她是否带着点残酷的恶意。

信吾认为这是保子的自我嫌恶，他自己也有类似的情绪。不过，保子作为一个女人，一个上了年纪的母亲，对可怜的女儿发泄这种嫌恶感，倒使信吾稍感意外。

“我可不同意，她就是对丈夫不亲热。”房子说，这话并不是在开玩笑。

信吾对菊子好，这一点不光是修一和保子，连菊子也很清楚，只是谁也不将它道破。可是，现在房子这么一说，信吾忽然感到落入了寂寞的深渊。

对信吾而言，菊子是这沉闷的家庭的窗户。倘若亲骨肉不仅不像信吾所想的那样，而且他们自己又不能如愿地生活在世上的话，那么亲人的苦痛会加倍来到信吾身上。看到年轻的儿媳，他才会松一口气。

要说待她好，其实这大概是信吾阴暗的孤独中的一点点光明吧。如此姑息自己，便通过善待菊子而得到一种隐隐约约的宽慰。

菊子不会胡乱猜想信吾这一年龄的心理，也不会戒备他。

房子的话仿佛稍稍触及了信吾的秘密。

那是三四天前晚饭时的事。

在为里子弄蝉的同时，信吾在樱树下，想起了当时房子的话。

“房子在午睡吗?”

“是的，她在陪国子睡。”菊子抬头望着信吾的脸说。

“里子真有趣，房子哄婴儿睡，里子也跑去趴在母亲的背上睡着了，这时就老实了。”

“真可爱。”

“外婆讨厌那外孙女，可是，她一长到十四五岁，也许也会像外婆一样睡觉打鼾的吧!”

菊子一愣。

菊子回做针线活儿的房间，而信吾则回另一房间去。正走着，菊子叫住了他。

“爸爸，听说您去跳舞了?”

“怎么?”信吾回过头去，“你已经知道了?吓我一跳。”

信吾和公司的女办事员去舞厅是前天晚上的事。

今天是星期天，一定是谷崎英子在昨天对修一说了，修一又告诉了菊子。

近年来，信吾不曾出入过舞厅。他邀请英子时，英子不免吃惊。她说，要是与他一起去跳舞，被公司的人议论起来可不好办。信吾让英子别说。可是看来第二天英子还是很快就对修一说了此事。

修一明明从英子处听说了这件事，昨天和今天在信吾跟前却都佯装不知，却又很快地告诉了妻子。

因为修一常和英子去跳舞，所以信吾才去试试的。他觉得他们去的那家舞厅里可能有修一的情妇。

可是去了之后，既没有能够马上发现这个女人，又不愿向英子打听。

英子令人意外地同信吾来了，兴奋异常，有点离谱儿。在信吾眼里，她像个危险分子，又颇为可爱。

她二十二岁，乳房只有巴掌大小。信吾忽然想起了春信[1]的春宫画。

不过，看到周围杂乱的景象，居然会想到春信，的确具有喜剧般的滑稽。

“下次和菊子一起去。”信吾说。

“真的吗？请陪我去。”菊子叫住信吾的时候脸就红了。

菊子是否已经察觉到信吾是因为怀疑修一有情妇才去舞厅的呢？

自己去跳舞的事被知晓也没关系，只是另有打探修一情妇的用心，所以当菊子突然提起此事时，信吾有些张皇

---

1 即铃木春信（1725—1770），江户时代中期的浮世画家。他擅长描绘日常生活环境中女性的梦幻般的美，具有写实风格。

失措。

信吾绕到大门口，进门后来到修一的房间，站着问：

“喂，你听谷崎说了？”

“是我家的新闻嘛！”

“什么新闻？你若带她去跳舞，该为她买件夏装。”

“是吗，爸爸觉得丢人了吗？”

“我总觉得她的衬衫和裙子不谐调。”

“她有的。您突然带她去不好，要是事先约好，她会穿去的。”修一说着，把头扭向一边。

信吾从睡着的房子和她两个孩子身边走过，来到餐厅，看了看挂钟。

“五点啦！”他嘀咕着，像是在确认。

## 云之炎

### 一

虽然报纸上说九月初天气不会变坏，但在第二百一十天[1]的前夜，台风来了。

不过，信吾看到报上的报道时已记不清是几天之前了，或许那还称不上是天气预报，倒是台风临近时，预报和警报都发布了。

“今天该早回家了吧。”信吾劝修一。

女办事员英子帮信吾做好回家的准备后，又急急忙忙地自己准备起来。她穿上白色的透明雨衣，胸部看上去还是平平瘪瘪的。

自从带英子去跳舞，发现她贫弱的乳房以来，信吾反而总是注意她的胸脯了。

英子从后面奔跑似的下了楼梯，在公司的出口处与信吾他们并肩而立。雨下得太大，她大概连妆也没有补。

---

1 指从立春算起的 210 天，在 9 月 1 日前后，常有台风，农家视为厄日。

信吾想问“你说要回哪儿”，却又作罢。大概已经问过二十遍了，就是记不住。

在镰仓站，下车的人群站在屋檐下，观看狂风暴雨的景象。

来到门口种着向日葵的那一家，在暴风雨的声音中可以听到《巴黎节》的主题歌。

“那家伙，好悠闲啊！”修一说。

他们俩都知道那是菊子在放里斯·高基的唱片。歌曲播完后，又从头开始放。

唱片放到半当中时，传来了拉套窗的声音。

他们俩还听到关套窗时菊子和着唱片音乐的歌声。

因为暴风雨和歌声，菊子没有发现他们俩从门口走进屋来。

“真厉害，鞋里都进水了。”修一说着，在大门口脱下鞋。

信吾湿淋淋地走了进来。

“哟，回来啦！”菊子走过来，喜形于色。

修一把抓在手里的袜子递过去。

“哟，爸爸也淋湿了！”菊子说。

唱片放完了。菊子又把唱针放到开头处，捧着两人淋湿的西服站起身。

修一边卷腰带边说："菊子，邻居家也能听到，你好悠闲啊！"

"我是害怕才放唱片的！为你们俩担心，坐立不安呀。"

不过，菊子多少有点因暴风雨而欣喜的样子。她一边去厨房为信吾沏粗茶，一边小声地吟唱着。

巴黎的民歌集是修一喜欢而买给她的。

修一会法语，菊子不会，但修一教了她发音，她跟着唱片反复学唱，还真唱得不错。譬如《巴黎节》的里斯·高基，虽然唱不出他那种摆脱痛苦的境遇顽强地活下去的韵味，但菊子断断续续的歌声还是令人愉悦。

菊子出嫁的时候，女校的同学们赠送她一套世界摇篮曲的唱片。新婚那阵子，菊子经常放那些摇篮曲，身边没人的时候，她会跟着唱片轻轻哼唱。

信吾的偏爱心被她唤起。

信吾感佩，这是一种女人才有的祝福。他觉得菊子好像只要听着摇篮曲，就会沉溺在姑娘时代的追忆之中一样。

"到给我举行葬礼的时候，你能给我放这摇篮曲的唱片吗？只要放唱片，念经和悼词都可以不要了！"信吾曾经对菊子这样说过。此话虽不当真，却也会忽然催人泪下。

不过，菊子还没有生孩子，她好像对摇篮曲的唱片已有厌倦，近来不再听了。

《巴黎节》快结束时，声音突然轻了下去。

“是停电。”保子在餐厅里说。

“停电了，今天没法放了。”菊子关上了电唱机的开关。

“妈妈，早点吃饭吧。”

这顿晚饭期间，细细的烛火被门缝里刮进的风吹熄了三四次。

风暴之外有大海的隆隆声，这种海鸣比风暴声更令人恐惧。

## 二

枕边吹灭的蜡烛气味总也不从信吾的鼻子边离去。

屋子有点摇晃的时候，保子在床上寻摸火柴盒。她摇了摇火柴，像是在确认，也像是让信吾能听到。

接着，她又寻到信吾的手，不是握住，只是轻轻地触及。

“不要紧吗？”

“不要紧。外面有什么东西被刮跑了，可也没法出去呀。”

“房子家靠得住吗？”

“房子家吗？”

信吾已经忘了。“哦，没事吧。暴风雨的夜晚，夫妇和睦地早早入睡了吧！”

“她能睡吗？”保子岔开信吾的话，沉默不语。

修一和菊子的说话声传来，菊子在撒娇。

过了一会儿，保子又说：“她有两个孩子，和我们家不一样。”

“而且，她婆婆的腿还不好，神经痛不知怎样了。”

“是呀，是呀！真要避难的话，相原还得背着他母亲呢！”

“她的腿站不起吗？”

“虽然还可以动弹，可这暴风雨……那一家子可不乐观啊。”

六十三岁的保子所说的“不乐观”一词使信吾觉得奇怪，他说：“哪儿都不乐观嘛！”

“报上说，女人一生中要换各种各样的发髻，真是说得妙哇！”

“说什么事？”

听保子说，这是一位漂亮的男画家悼念最近去世的一位美丽女画家时写的文章开头处的话。

但是与文章的这句话相反，这位女画家并未绾过各种发髻。据说她从二十岁到七十五岁去世，大约五十年始终用梳子把全发[1]卷在头顶。

保子钦佩始终梳这种发型的人，不过，她对与此无关的女人的一生要绾各种发髻那句话好像也颇有感触。

保子有将每天读过的报纸隔几天后再一次有重点地阅读的习惯，因此，不知她说的是什么时候的报道。她还注意倾听晚上九时的新闻解说，不时会冒出一些出人意料的话来。

“房子今后会不会绾各种发髻呢？”信吾试着问。

“是呀，女人嘛。不过，大概不会像从前我们绾日本发髻时变化多吧！像房子、菊子那么漂亮的人，变换发型真是快事。”

“你呀，房子来家住的时候，对她太刻薄了。我觉得房子是绝望了才回来的。”

“这还不是你的情绪影响了我？因为你光疼爱菊子。”

“哪有的事，倒打一耙。”

“没错儿。过去你就不喜欢房子，只疼修一，你就是这么个人。就是现在，修一在外面另有女人，你什么也不说，过分照拂菊子，反倒是一种残酷，那孩子会觉得对不起爸爸，连妒嫉的心都不敢起。这是阴郁啊，让台风刮走才好！”

信吾愕然，对着越说越凶的保子说道：“刮台风吗？”

---

1　指把所有头发卷在梳子上绾起来的一种女人发型。

“是刮台风。房子也是，到了这个岁数，在当今的时代，想让父母替自己提出离婚，难道不是卑怯吗？”

“那倒未必。不过，他们是否已到了离婚的地步？”

“说什么都不管用。首先，要负担带外孙女的责任，可你那张忧郁的脸总在我眼前晃动。”

“是你露骨地摆出这种神情。”

“这是因为有你中意的菊子在。不过，就算撇开菊子，说真的，我还是讨厌房子。菊子说什么事的时候，有时会让人觉得轻松，而房子呢，让人心情抑郁……她出嫁之前还不至于如此。明明是自己的女儿和外孙女……难道你就是这样的人？可怕，这是你的感化！”

“你比房子还要卑怯。”

“刚才的话不算数。说了是你的感化后，我吐了舌头，黑暗中，你看不见吧。”

“好一个会说话的老太，真没治。”

“房子可怜呀。你觉得她可怜吗？”

“你可以收留她。”

信吾好像突然想起似的说：“我说，上次房子拿来的那块包袱皮……”

“包袱皮？”

“嗯，包袱皮。那块包袱皮眼熟，想不起来，是我们家的吧？”

“棉布的大包袱皮吧。房子出嫁的时候，不是用来包梳妆台上镜子的吗？那块镜子很大。”

“啊，是吗？”

“看到那块包袱皮我真是不高兴，我觉得她不该提着那包袱，应该用新婚旅行时的衣箱才好些。”

“箱子重，要带两个孩子，不行！”

“可是，家里有菊子。那包袱皮还是我嫁到你这儿来的时候包东西用的呢！”

“是吗？”

“还要老呢。那是姐姐的遗物吧。姐姐死后，用它包着盆景送回娘家来的。那是一盆很大的枫树。”

“是啊。”信吾静静地说。漂亮的枫树盆景，那红色照亮了他的整个脑海。

生活在农村小镇的保子父亲爱好盆景，尤其热衷于枫树的盆景。保子的姐姐帮着父亲摆弄过盆景。

在狂风暴雨声可闻的床头，信吾想起了站立在盆景架中故人的身影。

大概是父亲给出嫁的女儿送了一个盆景，也有可能是女儿索要的。女儿死后，因为这是她生父珍爱的盆景，又因为婆家无人照管，所以才还给娘家的吧。也有可能是她父亲去讨回的。

此刻，占据着信吾整个头脑的枫树红叶，就是放在保子家佛堂里的那个盆景。

于是信吾想到，保子姐姐去世时应该是在秋季，信浓的秋天来得早。

不过，媳妇一死就很快归还盆景吗？满枝红叶，放置在佛堂，这一切似乎太凑巧了。这是不是追忆时的一种思乡的空想呢？信吾没有自信。

信吾已经忘记了保子姐姐的忌辰，但他没有向保子打听。

“我没有帮父亲弄过盆景，这大概与我的性格有关，可是，父亲的确只喜欢姐姐。我不如姐姐，我不光变得乖僻，而且不像姐姐那么能干，非常难为情。”

保子曾经这样说过。

谈到信吾对修一的偏爱时，保子会说出这样的话来：“我总有点儿像房子呀！”

使信吾吃惊的是，那块包袱皮竟会变成保子对姐姐的回忆。因为提起了姐姐的事，所以他不再吱声了。

“休息吧。上了年纪的人很难睡着啊！”保子说。

“这暴风雨中，菊子还高兴地笑呢……不停地放唱片，我可怜那孩子。”

“你呀，与刚才说的有矛盾！”

“你干吗这么说？”

“那是该我说的。难得早睡一回，真叫你烦得够呛。”

盆景的红叶还留在信吾的脑中。

他的头脑里充满了红色枫叶的联想：少年时代憧憬保子姐姐的情形，在与保子结婚三十多年之后还是一块老伤疤吗？

比保子晚入睡一小时左右的信吾，被很大的响声惊醒了。

“怎么啦？”

走廊处传来了菊子在黑暗中摸索着走来的脚步声，她说：

“醒了吗？阿宫的神轿小屋顶上的白铁皮好像刮到我们家房顶上来了，他们这样说的。”

## 三

神轿小屋的屋顶白铁皮被刮了个精光。

信吾家的屋顶上和庭院里掉了七八张，神社的主管人大清早就来捡了。

第二天，横须贺线通了车，信吾去公司上班。

“怎么样，没睡吗？”信吾问为他沏来粗茶的女办事员。

“是的，没睡。”

英子说了她从上班电车的车窗里看到的台风过后的二三件事。

信吾抽了两支烟后说："今天不能去跳舞了吧。"

英子抬起头微笑。

"上次跳舞，第二天早晨腰很痛啊，上了年纪不行了！"信吾一说，英子的下眼睑到鼻翼两侧露出了顽皮的笑意，说："是您将身体朝后仰了的缘故吧。"

"朝后仰？是吧，扭了腰吧。"

"我嘛，您好像怕碰到我不好一样，离开我朝后仰着跳舞。"

"是吗？这说法真叫人意外，不会吧。"

"可是……"

"我是想跳得姿势好些，自己是不会注意的。"

"是吗？"

"这是因为你们总是搂得紧紧地跳，没有礼貌！"

"哟，这话太厉害！"

信吾一直以为上次跳舞时，英子跳得发疯，有点失态，其实并不完全是这样，什么事也没有，还是他自己拘谨了。

"好，下一次朝前倾，搂在一起跳，去吗？"

英子低着头，暗暗发笑。"我陪您去。不过，今天可不行。这种打扮很失礼。"

“我不是说今天。”

英子身穿白色的衬衫，信吾看到她还扎了一根白色的发带。

白衬衫本不稀罕，可是那白色的发带使得衬衫的白色更加明显了。那根带子较宽，把头发扎成一扎，结打在后面，一副台风时节的打扮。

在平时被头发遮盖的灰白的肌肤上，头发从耳朵和耳后侧的发际处露出来，长得整齐、美丽。

英子穿了一条深蓝色的毛料裙，裙子是旧的。

这是一套不在乎乳房小的服装。

“那之后，修一没请过你吗？”

“是的。”

“那太令人同情了。跟老子跳过后，年轻儿子就敬而远之，真可怜。”

“哟，这可不好办。是我去请他的。”

“你是让我别担心吧。”

“要再说我，就不陪您去跳舞了。”

“别这样。不过，修一在你的视线下，抬不起头来。”

英子有所反应。

“你知道修一有情妇吧？”

英子一副狼狈的样子。

“是舞女吗？”

没有回答。

“岁数大吗？”

“岁数大，比府上的夫人还大！”

“美女？”

“是的，很美。”英子的话吞吞吐吐，“不过，声音很沙哑。与其说沙哑，还不如说声音犹如开裂一样，呈双重音出来。他说这很性感。”

“嗯？”

英子刚要打开话匣子，信吾却不想听了。

他既感到了自身的耻辱，也感到了对修一情妇和英子暴露出的本性的嫌恶。

居然说女人沙哑的声音是性感的，这使信吾吃惊。修一到底是修一，英子也还是英子。

看明白信吾的脸色，英子沉默不语了。

这一天，修一和信吾早早回家，锁上门，一家四口去看电影《劝进帐》。

脱下西式衬衫换上普通衬衣时，信吾看到修一的乳上和手臂根处呈红色，便以为那是暴风雨那天菊子弄上的。

演《劝进帐》的幸四郎、羽左卫门、菊五郎三人，如今都谢世了。

对他们的感受，信吾、修一和菊子是各不相同的。

“幸四郎演的弁庆，我们看过几回了?”保子问信吾。

“忘了。”

“你一会儿就忘!”

月亮笼罩着城镇，信吾望着天空。

月亮在火焰之中。信吾忽然如此感觉。

月亮周围的云朵是不动明王背后的火焰呢，还是鬼火焰?云儿呈现出珍奇的形状，令人想到那些画上所描绘的火焰。

不过，那些云焰是发白、清冷的，月亮也是发白、清冷的。信吾顿感秋凉沁入身心。

月亮有些偏东，基本上是圆的，居焰云之中，云的边缘模糊了。

除了装入月亮的火焰状的白云之外，近处没有云，天空的颜色在暴风雨之后，一夜就变得又黑又深。

镇上的店家都闭门打烊了，一夜冷落。看完电影回家的人们前方是一片静谧，杳无人迹。

“昨夜没睡好，今夜早点睡吧。”信吾说着，觉得肌肤煞是寂寞，不由得怀恋起人的肌肤。

他觉得自己一生中决定性的时刻就要到来了，应该决定的事似乎已迫在眉睫。

# 栗之果

## 一

“银杏树又发芽了。”

“菊子是刚刚才发现吗？”信吾说，“我上次看到后一直在注意它。”

“爸爸总是朝着银杏树坐。”

侧面向着信吾而坐的菊子，把头扭向银杏树的方向。

在餐厅就餐时，一家四人的座位总是固定的。信吾向东坐，他的左边保子向南坐。右边是修一，朝北而坐。菊子朝西，与信吾面对面坐。

朝东和朝南有庭院，可以说是老夫妇占了好位置。此外，两位妇女的座位也便于吃饭时端茶、伺候。

不吃饭的时候，在餐厅的饭桌边，四个人也养成了各坐自然固定座位的习惯。

菊子总是背朝银杏树而坐。

尽管如此，她对这么大的树不合季节的发芽竟然一点不知道，这使信吾放心不下，仿佛菊子的心中有了什么空白。

“你开套窗或扫地出走廊时，应该看到的嘛。”信吾说。

“您那么说倒也是。”

“就是嘛！首先，从外面回来的时候，不是正朝银杏树走来吗？不愿看也得看见。菊子总是低着头，呆呆地想着事走路吧。”

“哟，不好回答。”菊子耸耸肩，“以后爸爸看的东西，无论是什么我都注意看。”

信吾听了觉得有点悲哀。

“那可不必。”信吾一生中还没有碰到过一位这样的恋人：自己见到的什么东西都要让对方看。

菊子一直看着银杏树。

“山上也有长出嫩叶的树啊！”

“是啊。那是让暴风刮走了树叶的树吧。”

信吾家的后山因神社的地盘而切断，那座小山边缘处有扇门，过去就是神社的院内。银杏树长在神社院内，从信吾家的餐厅望去，就像是山上的树一样。

那棵银杏树经一夜台风猛刮，变得光秃秃的。

被暴风刮去树叶的有银杏树和樱树，这两种树在信吾家周围是大树，也许特别招风，树叶禁不起风刮。

樱树上还留有少数枯萎的树叶，不过，它们也会落尽，成为完全的秃木。

后山的竹叶都枯萎了，或许那是因为靠海近，风中带着海潮。不过，有的竹子被刮断了主干，飞落在了庭院里。

大银杏树再次发了芽。

从大街拐进小路时，信吾面对那棵银杏树回家，每天都注视它。在餐厅里，他也注视它。

“银杏树到底有比樱树强的地方，我觉得长寿的树与众不同才注视它的。”信吾说，“那样的老树，到了秋天再一次发芽，需要多大的力量啊！”

“可是，那叶子太孤单了吧。”

“是啊。所以我总是看它们会不会像在春天时那样长大，却怎么也不见长大啊。”

不仅叶子小，而且稀疏，不足以遮掩树枝。叶片显得单薄，绿色不足，呈淡黄色。

秋天的朝阳使人感到只是照射到银杏树的秃木上去的。

神社的后山多常绿树。常绿树叶禁得起风雨，丝毫不见受损。

有些茂盛的常绿树，顶端长出了淡绿色的嫩叶。

菊子发现了那些嫩叶。

保子大概是从厨房走进屋来的，传来了自来水的流水声。她在说着什么，但因为水声，信吾听不清。

“你说什么呀？”他大声问。

“妈说胡枝子开得很美。”菊子插嘴。

“是吗？”

“还说芒草也开花了。”菊子又传达道。

“是吗？”

保子又在说。

“别说了，听不见！”信吾吼叫。

菊子低着头想笑。

“我给您做翻译吧。”

“翻译？不就是老太婆的自言自语吗？”

“她说，昨夜梦见乡下老家的房子全给毁了。”

“哼！”

“爸爸您怎么回答？”

“只好说一声‘哼’。”

自来水的水声停了，保子叫菊子。

“菊子，你把这些养起来。开得很美，我把它们采来了。拜托了。”

“好的，我先让爸爸看一看。”

菊子捧来了胡枝子和芒草。

保子洗了手，然后淋湿了信乐陶壶，提着陶壶走了进来。

“隔壁的雁来红颜色也漂亮起来了。”保子说着坐了下来。

“那户种了向日葵的人家也有雁来红。”信吾说着，想起那株漂亮的向日葵花已经被暴风刮落了。

向日葵连同五六尺的茎秆被刮断，掉在了路边。葵花落在那儿已经好几天了，恰似掉落的一颗人头。

周围的花瓣首先枯萎，粗壮的茎秆也失去了水分，变了颜色，到处是泥。

信吾回家时是跨过它走来的，真不想看到它。掉了头的向日葵，下一段茎秆依然立在门口，上面还有叶子。

那边上有五六棵雁来红，已经有了颜色。

“不过，隔壁那种雁来红，附近可看不到。”保子说。

## 二

保子说梦见老家的房子全给毁了，那是保子的娘家。

保子的父母去世后，那房子已有好几年没人住了。

父亲是想让保子继承家产才让姐姐出嫁的吧。对喜爱姐姐的父亲来说，这决定与理相悖，不过，他说过美丽的姐姐可寄厚望，这抑或是对保子的一种怜悯。

因此，姐姐去世后，保子去姐姐的婆家工作，父亲看到她想取代姐姐的位置大概感到了绝望。保子之所以产生这种想法，父母和家庭也有责任，或许父亲也感到悔恨吧。

保子和信吾结婚，好像使父亲感到高兴似的。

看来父亲曾下决心不要家庭继承人，就这么度过余生。

保子出嫁时，父亲应该已过了现在信吾的年纪。

保子的母亲先去世，父亲一死，田地都卖尽了，只留下少量的山林和房产。保子家没有古董之类的东西。

这些财产在名义上都是保子的，可是那以后完全托付给乡下的亲戚处置，或许砍了山上的树支付税金什么的。对保子来说，她多年来既没有为乡下的房子支出，也没有任何所得。

在战争的疏散者来这里的时候，一度有过买主，可是，信吾还是照顾了保子留恋的心情。

原来，信吾和保子是在那幢房子里举行婚礼的，那是父亲的希望，他同意唯一留下的女儿出嫁，却想在家里为她举行婚礼。

信吾记得，在举杯庆贺时有颗栗子掉落下来。这颗栗子正好落在院子里的一块大石头上，或许是石头斜面角度的缘故吧，栗子飞得很远，落入了溪谷之中。落在石头上飞弹出去的模样格外漂亮。

“啊！”信吾几乎失声叫起来。他环视了一席人，好像没有人注意到一颗栗子的掉落。

翌日早晨，信吾走上溪谷，在溪水边找到了栗子。

那里落有好几颗栗子，未必有婚礼时掉下的那颗，但是，信吾还是想告诉保子。

这也太孩子气了。保子和这之后听到这事的人会相信它就是那颗栗子吗?

信吾把栗子扔到岸边的草丛里。

与其说担心保子可能不信，毋宁说信吾对保子的姐夫怀有愧意。

如果没有看到姐夫，在前一天婚礼进行之时，信吾或许就会把栗子掉落的事说出来。

婚礼的席上有姐夫在，信吾感到一种类似屈辱的压力。

在保子姐姐结婚之后继续倾心着她的信吾对姐夫总怀着愧疚。姐姐病死后，自己又和她妹妹保子结婚，于是也觉得对姐夫于心不安。

而保子则更感屈辱。姐夫对保子的真心佯装不知，看上去只把她当作一名像样的女佣在使用。

姐夫作为亲戚，被叫来出席保子的婚礼理所当然，可信吾不好意思，没有好好打量姐夫。

事实上在婚礼席上，姐夫真是个顶尖儿的美男子。信吾感受到姐夫所坐的地方闪耀着一种光辉。

保子认定姐姐和姐夫是理想王国的人，信吾也决定通过与这样的保子结婚来认定自己是不及姐夫他们的人。

信吾甚至觉得，姐夫是居高临下地冷冷俯视着他和保子的婚礼。

信吾错过讲述栗子掉落这件小事的机会，这暗淡的一刻会一直留在他们夫妇的心灵角落吧。

房子出生的时候，信吾在心中暗暗地期待她成为像保子姐姐那样的美人，却不能向妻子道明。然而，房子是比她母亲长得还要难看的姑娘。

按信吾的说法是姐妹的血脉不通，他对妻子怀着一种隐秘的失望。

在保子梦见乡下房子的三四天后，乡下的亲戚发来电报告知：房子带着孩子回老家了。

这份电报是菊子收到的。她交给保子，保子拿到后等着信吾从公司回来。

“做了老家房子的梦是情绪的先知吧。”保子说完，看着信吾看电报，显得意外地镇定。

“哼，回了乡下老家？”

信吾首先想到她们不会去死。“可是她为什么不回这儿来呢？”

“她大概觉得一回这儿，相原立刻就会知道的吧。”

“怎么，相原还会来交涉吗？”

“不会。”

“到底还是不行了。老婆带着孩子出走，可……”

“不过，在相原看来，或许会当作房子不告诉他自己回了娘家呢，他不便到我们家来吧。”

“反正是维持不下去了。”

“难为她找到乡下，真叫我吃惊。”

“我看她还是回娘家的好啊。”

“你看还是回娘家的好，这说法太冷淡了！我们必须意识到回不了娘家的房子有多可怜，父母和子女弄到这步田地，我真感到凄凉！”

信吾紧锁眉头，挺起下颌，边解领带边说：“嗐，你等着吧。和服放在哪儿？”

菊子拿来了替换的衣服，挟起信吾的西服，默默地走出门去。

这段时间，保子一直低着头。之后，她又看着菊子关上的纸槅门，嘀咕道：“这个菊子，说不定也会逃出家门的。”

“难道父母能永远对子女的夫妇生活负责吗？”

“这是因为你们不懂女人的感情……女人的悲伤，与男人的不同。”

“不过，女人就能懂得所有女人的感情的想法是否对呢？”

“拿今天说吧，修一没回家。你为什么不和他一起回来呢？独自一人回家，让菊子收拾西服，还要……”

信吾不作回答。

“房子的事，你不想和修一商量吗？”保子说。

“叫修一去乡下，得把房子接来。”

“修一去接，房子恐怕还不满意呢，因为修一总是小看房子。”

“无聊话现在说也白搭！星期六叫修一走一趟。”

“丢脸丢到乡下去了。我们又从不回去，像与乡下断了关系，房子没人可依靠，竟然还跑去。”

“可能在乡下，有什么人家会照顾她吧！”

“是打算住那空房子吧。婶子家是不会照应她的吧！”

保子的婶子理应八十有余了，户主堂兄与保子几乎没有来往。信吾甚至想不起那一家现在有几口人。

想到房子逃到在保子的梦中已是荒芜破烂的老家，信吾的心情真是坏透了。

## 三

星期六早晨，修一和信吾一起走出家门，先来到公司。离火车开还有时间。

修一来到父亲的办公室，对女办事员英子说：“这把伞放在这儿。”

英子微微歪着头，眯缝着眼问：“您去出差吗？”

“是的。”

修一放下包，在信吾跟前的椅子上坐下。

英子好像紧盯着修一。

“天气变冷了，当心着凉。”

“嗯，好的。”修一看着英子，对信吾说：“今天我约好带她去跳舞的。”

“是吗？”

“请父亲带你去吧。”

英子红了脸。

信吾想说什么又嫌麻烦。

修一出去时，英子拎着他的包想去送行。

“行啦，成何体统。”修一夺过包就消失在门背后。

被抛下的英子站在房门前做了个不引人注意的小动作，无精打采地回到自己的座位上。

信吾不愿去分辨英子那是害羞呢还是故意所为，不过她那种轻浮的女人模样叫人感到轻松。

“特意的约会，真不好意思呀。”

“近来的约会总是落空。”

“那就由我来替代吧。”

“唉。”

“会不方便吗？”

“哟！”英子吃惊地抬起了头。

“是修一的情妇要来舞厅吗？”

“哪有的事！”

上次，信吾曾听英子说起，修一的情妇沙哑的声音很性感，他便不想更多地打听那女人的情况。

连信吾办公室的英子都见过那个女人，而修一的家属却不认识她，这恐怕也是世上常见的现象，然而信吾总是难以接受。

尤其是英子在自己的眼前时，更加想不通。

乍一看，英子像个轻浮的姑娘，但是在这种场合，倒像一块遮掩人世的沉重幔帐垂挂在信吾的眼前，无法探测到她在想些什么。

“莫非修一带着你去跳舞，其实是去会那女人？”信吾轻松地说。

“是的。”

“常常？”

“那倒未必。”

“修一向你介绍过她吗？”

“谈不上介绍。”

"我怎么也搞不明白，他会情妇还带着你去，是想叫人吃醋吗？"

"我嘛，是不会妨碍他们的。"说着，英子缩了缩脖子。

信吾看出英子对修一怀有好感，颇有嫉妒，所以接口说："去妨碍一下才好哪！"

"哟！"英子低下头笑了。

"对方也是两个人一起来的。"

"咦？那女人也带来个男的？"

"是她的同伴，不是男人。"

"是嘛，这就放心了。"

"哟。"英子看着信吾，"是和她一起生活的。"

"一起生活，是指两个女人共同租房吗？"

"是的，她们的家虽小，但挺不错。"

"怎么，你去过了吗？"

"啊。"英子欲言又止。

信吾再次感到惊奇，有点着急地问："她们家在哪儿？"

英子的脸忽地变白了，喃喃地说："真不好说。"

信吾沉默了。

"在本乡的大学附近。"

"是吗？"

英子仿佛从压迫中得到了解脱一般，继续说："在一条小马路上，光线较暗，可是家里很干净。那一位真是漂亮，我挺喜欢她。”

“那一位就是修一情妇以外的女人啰？”

“是的，给人的感觉真是好极了。”

“嗯？那么她们在干什么呢？两个人都是单身吗？”

“是的。不过，我可不清楚。”

“两个女人在一起生活呀？”

英子点点头又说：“我还没见过给人印象这么好的女人，真想每天看到她。”她说得有点矫情，通过讲对那个女人的感觉好，似乎英子自己的什么东西飘飘然起来。

信吾碰到的尽是出乎意料的事。

信吾并不是没想到英子是在通过赞扬同居的另一个女人而间接地贬低修一的情妇，可是，英子的真心还是无法查明。

英子的眼睛投向窗户。

“太阳照进来了。”

“是啊，开一点窗吧。”

“刚才他寄存伞的时候，我还不以为然呢，出差碰上好天气，真不错。”

英子以为修一是为公司出差。

英子扶着推上去的窗户站立着，她撩起衣服一边的底襟，一副犹疑不定的模样。

她低着头走了回来。

杂役拿来三四封信。英子收下后放在信吾的桌上。

“又是遗体告别仪式，真腻人。这一次是鸟山吗？”信吾嘀咕，“今天下午两点。不知他夫人怎么样了。”

英子已习惯了信吾的自言自语，只是悄悄地看着他。

信吾微张着嘴，茫然若失。

“今天没法去跳舞了，有告别仪式。”信吾说，“这个人在妻子更年期的时候受到极大的虐待，妻子竟不让他吃饭。真的，不让吃饭。他只在家吃一顿早饭，可妻子一点儿也不为丈夫准备，孩子们的饭做好了，丈夫要瞒着妻子偷偷地吃。傍晚时因怕妻子而无法回家，每天晚上到处闲逛，看电影、去杂耍场，等到妻子孩子睡熟了才回家。孩子也帮着母亲虐待老头子。”

“那又为什么呢？”

“什么也不为。到了更年期就变成那模样，更年期真可怕。”

英子好像觉得有点受到了揶揄。

“不过，大概是丈夫做了什么坏事吧？”

“当时他可是位出色的官员，后来进了民间的公司。总之，遗体告别仪式能这样借寺庙举行，相当不错啊。他当官员的时候完全没有不务正业。”

“他赡养家属吗？”

“那还用说。”

“真不明白。”

“是啊，你们是不懂的。五六十岁的堂堂绅士因怕妻子回不了家，深夜在外徘徊的大有人在啊！”

信吾企图想起鸟山的脸，却想不起来，算起来有十年未见面了。

他想，鸟山是死在他自己家中的吧。

## 四

在鸟山的告别仪式上，可能会遇到大学时代的同窗，信吾一烧完香，就站在寺门旁，可是一个人也没遇见。

像信吾这般年龄的人也没来。

信吾大概是迟到了。

朝堂内望去，灵堂门口排队的人群乱了起来，开始移动。

遗属们都在灵堂里边。

信吾思忖，鸟山的妻子大概还在世，果然那位站在灵柩跟前瘦削的女人就是。头发染过，但大约有一阵没再染了，发根显出了白色。

兴许是因为长期护理鸟山而没有染发的时间吧，忽然间，信吾想对这位老妇表示敬意。可是，当转过方向朝灵柩烧香时，信吾几乎要说出声来：“谁知道真实情况是怎样呢。”

其实，信吾在走上台阶进灵堂向遗属行礼时已把鸟山妻子虐待丈夫的事忘得个一干二净了，待转过身向亡者行礼时又想起了这档子事，他大吃一惊。

信吾没去看遗属席上鸟山的妻子，走出了灵堂。

使信吾感到惊异的是自己奇怪的健忘，而不是鸟山和他的妻子。他怀着一种厌恶的心情又回到了铺石路上。

信吾边走边感受头脑的健忘和记忆力的丧失。

了解鸟山和妻子关系的人已经很少，即便还有少数知情者活着，也会将那些事忘却，以后只能靠他妻子随心所欲地回忆了，不会再有认真回顾的第三者出现了吧。

当包括信吾在内的六七位同期同学在聚会上谈起鸟山的时候，没有人对他的事认真思考，只是一笑了之。提起那事的人也因丑化和夸张而得意忘形。

当时聚会的参加者中已有两位比鸟山先去世了。

此时此刻，信吾想到，妻子为什么要虐待鸟山，鸟山又为何会被妻子虐待，这一点大概鸟山本人和他妻子也不明白吧。

鸟山在不明所以的情况下，把这一切带入了坟墓。对留下的妻子而言，在过去的记忆中，这也成了没有鸟山存在的过去，她也会不明所以地死去吧。

同窗聚会时谈论鸟山的那位同学家里，有四五张祖传的古老的能戏假面，据说他拿出来给来访的鸟山看时，鸟山看了很长时间不动身。据他说，并不是第一次看到能戏假面对鸟山有那么大的吸引力，而是在妻子入睡之前无法回家的鸟山在趁机消磨时间。

然而，现在信吾可以自然地想到，每天夜晚那么步行着的五十出头的一家之主，一定会深思着什么。

遗体告别仪式上挂着的鸟山的相片是在他当官员时代的新年或节日时照的，身穿礼服，圆脸温和，经过照相馆的修饰，脸上不见阴郁。

鸟山这副慈祥的面容显得特别年轻，与灵柩前的妻子颇不谐调，看上去妻子倒像是吃了鸟山的苦头而苍老了。

他妻子身材矮小，信吾在下面看到她发根处的白色，一侧的肩膀有点下塌，能感到她的憔悴。

她的儿女及陪伴者都排在身旁，可是信吾没有仔细打量他们。

若是能遇见某位老朋友，信吾想问："你家怎么样？"

他一直等在寺庙门口。

要是被人反问同样的话，他会回答说："好歹到今天还算平安，可是儿女家倒不大太平。"他还想聊聊那些事。

若把这些事全倒出来，双方全都爱莫能助，也不想去管这闲事，只是一路讲到电车站然后分手而已。

不过，信吾期盼的就是这些。

"鸟山嘛，一旦去世，被妻子虐待的事就消失得无影无踪了。"

"要是鸟山的儿子、女儿的家庭幸福，鸟山夫妇就算成功了。"

"在当今社会，对于子女的婚姻生活，父母究竟有多大的责任？"

信吾想对老朋友说说这些。这样的喃喃自语不知何故，不断地在心中浮现。

寺庙的屋顶上，雀群在不停地叫。它们顺着屋檐排成弓形飞上屋顶，又以弓形似的队列飞走。

## 五

信吾从寺庙返回公司，已有两位客人在等候。

信吾让人从后面的橱里取出威士忌，倒入红茶中，这多少有助于记忆力。

他一面接待客人，一面想起了昨天早晨在家里看到的麻雀。它们在后山的芒草中啄着芒草穗，不知道是在吃芒草籽呢还是在捉虫。如此想来，一直以为是麻雀的鸟群里，还混有黄道眉。

由于麻雀和黄道眉混在一起，信吾看得更仔细了。

六七只小鸟从草穗飞向草穗，每一棵草都在剧烈地晃动。黄道眉有三只，十分老实，不像麻雀那么慌张，也很少飞来飞去。

黄道眉翅膀和胸毛的颜色使信吾自然地想到这是今年的鸟。麻雀看上去浑身是灰。

信吾理所当然地喜欢黄道眉，正如黄道眉和麻雀的叫声不同，它们的动作中也表现出各自不同的性格。

信吾久久地凝视它们，推测麻雀和黄道眉是否在吵架。

可是，麻雀跟麻雀一起互相招呼，飞来飞去，黄道眉又只顾自己聚在一起。它们好像就要分手，有时又混在一起，也并不吵架。

信吾很是钦佩，那是在早晨洗脸时候的事。

或许是因为刚才寺门前有麻雀，信吾才想起这些的吧。

送走客人，信吾关上房门，回过头来对英子说：“你带我去修一的情妇家吧。”

这事信吾在与客人交谈的时候就想到了，可英子觉得非常突然。

她瞬间沉下了脸，做出反抗的姿态，但马上又退缩回去，用拘谨的声音冷冷地问：

“您去干什么呀？”

“不会给你添麻烦的！”

“去见她吗？”

信吾并没有考虑今天要去见那个女人。

“您不能等到修一先生回来后一起去吗？”英子平静地问。

信吾觉得英子在冷笑。

乘上汽车后，英子郁郁沉思。

信吾对羞辱和使英子无法下台感到心情沉重，同时好像这么做也在羞辱自己的儿子修一。

信吾不是没有想过在修一不在的时候解决他的问题，不过，又觉得那仅仅是停留在空想上而已。

“我觉得，您要谈，还是和与她一起居住的那位谈的好。”英子说。

“也就是你印象好的那一位吧。”

“是啊。我把她叫到公司里去好吗？”

“嗯。”信吾含糊其词。

“上次，修一先生喝酒大醉，耍起了酒疯，他让那女人唱歌。她用美妙的歌声一唱，绢子就哭了。绢子很听她的话，甚至会流泪。”

这话说得奇妙，这位叫绢子的兴许就是修一的情妇吧。

信吾并不了解修一有这种醉酒的习惯。

在大学跟前下了车，他们拐进了一条小路。

“要是让修一先生知道了，我就没法到公司上班了，我不去了吧。”英子轻声说。

信吾打了个寒战。

英子已站定不动了。

“在那边的石墙处拐弯，第四间挂着池田门牌的那一家。我的脸人家认识，就不过去了。”

“给你添麻烦了，今天就作罢吧。”

“为什么？已经到了这儿……要是对您家的和平有利，不是件好事吗？”

从英子的反抗中还能感到憎恶。

她说的石墙是混凝土墙，院子里有棵很大的枫树。在那家的墙角处一拐，第四家是一座叫池田的小旧屋，毫无特色。门口朝北，昏暗，二楼的玻璃窗紧闭，鸦雀无声。

信吾从屋前走过，没有留下有印象的东西。

走过之后，不免沮丧。

那幢屋子里隐匿着儿子怎样的生活呢？信吾难以想象自己有突然闯进那户人家的理由。

他绕到别的路上。

英子已不在刚才的地方，来到下车的大路边也没看到她的影子。

回到家里，信吾好像没脸见菊子。他说：“修一到公司拐了一下就出发了。天气好，真不错。”

他感到相当疲劳，早早上了床。

“修一向公司请了几天假？”保子在饭厅问。

“这倒没有问。不就是去带房子回来吗？最多两三天吧。”他在床上回答。

“今天我帮菊子往棉被里加了毛絮。”

信吾想到房子带着两个孩子回家后菊子的劳神，再想到让修一分开住的方案时，在本乡见到的修一情妇家的房子便浮现在眼前。

他又想到了英子的反抗，她每天就在自己身旁，信吾还不曾见过英子那样爆发过。

应该说菊子的爆发也没见到过。保子曾经对信吾说过，那孩子对爸爸觉得难为情，连醋也不敢吃。

很快睡着的信吾被保子的鼾声吵醒了，他去捏住她的鼻子。

保子好像刚才一直醒着似的说："房子是否还会拎着包袱回家呢？"

"会吧。"

话声就此中断。

# 岛之梦

## 一

野狗在地板下生了小崽。

用“生了”这个冷淡的说法，对信吾一家来说实在合适，狗是在家里无人知晓的时候，在地板下生下的。

“妈妈，阿照昨天和今天都没来，莫不是生产了？”七八天前，菊子在厨房里对保子说起过。

“你这么说，倒是没看见啊。”保子心不在焉地回答。

信吾的脚垂在暖笼上，正在倒玉露茶。从今年秋天起，他养成了每天早晨饮玉露茶的习惯，而且是自己沏的。

菊子边准备早饭边谈论阿照的事，不过那事没再说下去。

菊子跪着把酱汤碗放到信吾面前时，信吾在倒玉露茶，他说：“来一碗，怎么样？”

“好的，我喝。”

因为不曾有过先例，菊子重新坐正。

信吾看着菊子说：“腰带、外褂都是菊花，菊花的秋季已经过了。今年因为房子折腾的，把菊子的生日也给忘了。”

“腰带是四君子嘛，一年四季都能系。”

“四君子是什么？”

“兰、竹、梅、菊……”菊子爽气地说，“爸爸，您看看就知道了。画里面有，和服上也常用。”

“真是贪心的花纹。”

菊子放下茶碗说：“真好喝。”

“嗯，那是谁呀，送奠仪回礼给了玉露茶，我又喝上了。过去可真没少喝玉露啊！我们家以前不用粗茶。”

这天早晨，修一先去公司上班了。

信吾在门口一面穿鞋，一面试图想起那位奠仪回礼送玉露茶的朋友的名字。本来他可以问菊子，却没开口。那朋友带着年轻的女人去温泉旅馆，在那儿突然死去了。

“是啊，阿照不来吗？”信吾说。

“是啊，昨天今天都没来。”菊子应道。

听到信吾外出的动静，阿照经常会转到门口，跟信吾走到门外。

就在最近，菊子在门口抚摸阿照肚子的情景又出现在信吾的脑中。

“真可怕，胀鼓鼓的。”菊子紧锁眉头，可还是要摸狗肚子里的小狗。

“有几只？”

阿照翻着奇怪的白眼看着菊子，然后躺下把肚子朝上翻过来。

阿照的肚子并没有大到令菊子觉得可怕的程度，下腹部呈淡桃红色，皮肤好像变薄了，但是乳头根部积着污垢。

“有十个奶头吗？”

菊子一说，信吾的眼睛便数了数狗的乳头。最上边的一对乳头较小，像是萎缩了。

阿照身上有饲养许可证，有主饲养，但它的主人好像不让它吃饱，才变成了野狗。它会跑到与主人近邻家的厨房门前来。自从菊子把早晚吃剩的食物喂阿照以来，阿照在信吾家的时间就多了。半夜里听到它在院子里叫的时候，会产生阿照老在家的感觉。不过，菊子还是没把它当作自己家里的狗。

还有，它生产时总是回到主人家去。所以昨天、今天不见它来，菊子就说它可能回主人家去生崽了。

到生产时才回主人家，这使信吾不免为它感到可怜。

但是，这一次它却是在信吾家的地板下分娩的，十天了，谁都没有发现。

信吾和修一一起下班回到家，菊子说：“爸爸，阿照在我们家产下了小狗。”

“是吗，在哪儿？”

“在女佣房间的地板下。”

“嗯。”

女佣没再雇用，三铺席大小的用人房间被当作储藏室放了各种东西。

“见阿照钻到女佣房间的地板下，我便看了看，里面像是有狗崽。”

“嗯，有几只？”

“很暗，看不清，在里边呢。”

“是吗？在我家生啊。”

“妈妈说了，阿照在仓库小房间那儿奇怪地转悠，还挖土呢，那是在找分娩的地方吧。要是给它放点儿稻草，它会在仓库里生的吧。”

“狗崽子长大了可不好办。”修一说。

信吾对阿照在自己家分娩也怀有好感，却对处理野狗的狗崽感到为难，心中浮起扔狗时的厌恶感。

“说是阿照在我们家生了小狗。”保子也说起这件事。

“是这么说。”

“说是在女佣的房间地板下，只有那房间我们没有去，阿照也真会动脑筋。”

保子待在暖笼边，微皱着眉抬头仰视信吾。

信吾也缩进暖笼，喝了粗茶后对修一说："哎，上次说由谷崎介绍的那个女佣，她怎么了？"

说着，他自己又沏下第二杯粗茶。

"那是烟灰缸，爸爸！"修一提醒说。

信吾错把茶水倒进了烟灰缸里。

## 二

"吾辈已老矣，终未登富士。"信吾在公司里喃喃自语。他觉得这句忽然间冒出的话颇有意味，反复念叨。

或许是昨夜梦见松岛的缘故吧，今天才会冒出这样的话来。

信吾并未去过松岛，但还是梦见了，今晨醒来感到不可思议。他进而发现，自己到了这把年纪，日本三景[1]中的松岛和天桥立都不曾去过，唯有安艺的宫岛，尽管在不合季节的冬季，还算在去九州为公司出差回来时的途中下去看了一下。

一到早上，美梦只记得一些片段了，然而岛上的苍松和

---

1 指日本著名的三大自然美景：京都府的天桥立、宫城县的松岛和广岛县的严岛（亦称宫岛）。

大海的颜色却鲜明地留在记忆里，并清晰地记得那就是松岛。

信吾在松树树荫下的绿草地上拥抱女人。他们害怕地躲藏着，他们俩是离开同伴们来到这里的。女人非常年轻，是个姑娘，自己的年龄倒不清楚，与女人一起在松林中奔跑时他想过，自己也理应年轻。他拥抱姑娘的时候似乎并未感到年龄的差距，就像一个年轻的小伙子。不过，他既不认为这是返老还童，也不认为这是以前的事。信吾现在是六十二岁，而梦中又是二十来岁时的模样，那正是梦不可思议的地方。

汽艇离岛远去，一个女人站在船上不停地挥着手帕。在大海颜色的映衬下，那手帕的白色在梦醒之后依然鲜明地留在眼帘。信吾和姑娘两人被留在小岛上，却丝毫没感到不安，他一直在想：自己能够看到海上的汽艇，而汽艇上的人却见不到他们隐藏的地方。

他就是在白手绢挥动的时候梦醒的。

起床后，信吾始终不明白对方姑娘是谁，她既没脸又没身，连触感也没留下，只是景物的颜色印象鲜明。然而，为什么认定那儿就是松岛？为什么会梦见松岛也闹不明白。

信吾既没见过松岛，也没坐汽艇上过无人小岛。

他想问问家人，梦中有颜色是否就是神经衰弱，可是并未说出口。拥抱女人的梦使他不快，只是梦里的自己还是年轻的，这倒很自然，一点儿也不勉强。

梦中时间的奇妙给了信吾某种安慰。

他觉得只要搞清对方女性是谁，那么这种奇妙就能得到解释。信吾在公司不停地抽烟，这时传来轻轻的敲门声，门被打开了。

“早上好！”是铃本走了进来。

“我正在想你怎么还不出来。”

铃本脱下帽子，在那儿挂上，英子急忙站起来接过他的外衣，铃本就此在椅子上坐下。信吾看着铃本的秃脑袋感到奇怪，他连耳朵上也长上了老人斑，真是邋遢。

“怎么回事，一大早就……”

信吾忍着笑，注视自己的手。信吾的指甲到手腕处也有淡淡的老人斑时隐时现。

“实现了‘极乐往生’的水田啊……”

“对了，是水田！”信吾想起来了，“对了，对了，是水田奠仪回礼送了我玉露茶，自那以后我又养成了喝玉露茶的习惯。送我的玉露可真不错。”

“玉露虽好，可他的‘极乐往生’更令人羡慕啊！他的死已经听说了吧？想不到水田会这么干。”

“嗯。”

“你不羡慕吗？”

“你胖胖的，秃了发，有希望啊！”

“我的血压没那么高。听说水田害怕脑溢血，一人不敢在外面过夜。”

水田是在温泉旅馆里猝死的。葬礼时，老朋友们在一起谈论过铃本所说的“极乐往生”。但是，他是带着年轻女人去温泉旅馆的。为什么要对水田的死做那种推测呢？之后想想，这“极乐往生”说得奇怪。不过，当时自己的好奇心也很重：那女人是否来出席葬礼了？有人说，女人将终生不愉快；也有人说，要是真爱上了男人，女人也就心满意足了。

信吾认为：现在六十来岁的大学同窗用些书生气十足的话到处乱说也是老而丢丑的一种表现。彼此间还以学生时代的绰号、爱称互叫，相互了解年轻时候的事不仅是亲切和留恋，也是久经世故的自我主义对此的一种逃避。水田说过以前死去的鸟山的笑话，而水田的死也被别人付之笑谈。

铃本是个在葬礼时也一个劲儿大谈“极乐往生”的人，信吾只要稍一想象如他所愿的那种死法，就会不寒而栗。

“不过，上了年纪的人，那么做也不成体统呀！”

“就是。我们已经不会做女人的梦了。”铃本也很坦然。

“你攀登过富士吗？”信吾问。

“富士？是富士山？”铃本一脸惊诧，“没登过呀。怎么啦？”

“我也没登过。吾辈已老矣，终未登富士。”

“什么呀，是含有某种猥亵的意思吗？”

“别胡说。”信吾忍俊不禁。

在靠近门口的办公桌上打算盘的英子也哧哧地笑了。

“如此看来，没有攀登过富士山、没见过日本三景就结束人生的人竟出乎意料地多，日本人当中登过富士山的占多少百分比？”

“这个嘛，百分之一，有没有？”

铃本又回到原来的话题。

“说到这里，像水田这样幸运的人大概是几万分之一、几十万分之一吧。”

“中头彩。不过，遗属会不高兴的吧。”

“是啊。他的遗属嘛，水田的妻子来了。”铃本用谈正事的口气说，“她托我处理这样的东西。”说着，他在桌上打开了包袱。

“是假面，能假面。这是水田夫人叫我买的，我想请你看看。”

“假面我可不懂，像日本三景一样，自以为知道日本的事，其实还不曾看过呢！”

有两个假面盒，铃本从袋子里取出能假面。

"这个叫作慈童[1]，这个叫喝食[2]，两个都是孩子。"

"这是孩子？"

信吾拿起喝食，攥住两侧耳孔中穿的纸绳端详。

"有刘海的吧，是银杏型的，元服前的少年，还有酒窝儿呢！"

"嗯。"信吾自然地伸直双臂，又对英子说："谷崎君，把那儿的眼镜拿来。"

"不用。你就这样看好。能面具就要这样伸直手放在稍高处看，我们老花眼的距离感正合适。这样，面具朝下，让它略带愁容……"

"像是某个人，写实性的。"

铃本说明：把能面朝下就能使面具带上忧愁，若向上仰照，表情看上去就显得明朗。左右摆动表示赞成或拒绝。

"这像谁呀？"信吾又问。

"看上去像青年，不是少年。"

"过去的孩子老成，还说那是童颜，能面真是奇怪。你仔细看看，是少年啊！据说慈童是妖精，是永久少年的象

---

1 慈童，能乐面具之一，是永为少年的神仙假面，在能乐剧的《菊慈童》《枕慈童》中使用。

2 喝食，能乐面具之一，与喝食行者相像的美青年假面，依据前额头发又分成银杏型（中、小喝食）和河童型（大喝食）。

征吧。”

信吾照铃本所说的那样转动着看慈童的面具。

慈童的刘海是河童那种疏散的秃型。

“怎么样？陪我买吧。”铃本说。信吾把面具放在桌上。

“可夫人是拜托你的，你买下吧！”

“嗯，我也买了。其实，夫人拿来五张，我买了两张女面具，让海野买了一张，再求你也买。”

“这算什么呀，是剩下的东西！抢先拿掉女面具，只顾自己的家伙！”

“你觉得女面具好吗？”

“好！已经没有了！”

“这样的话，我去拿来就是了。只要你肯买，就算帮了我。水田是那么去世的，我只要看到他夫人的脸就觉得可怜，因而没法拒绝呀。不过，制作功夫上这两张要比女面具好，永远的少年难道不好吗？”

“水田死了，在水田家长时间欣赏过这面具的鸟山也更早地去世了，心情不好啊。”

“可是这慈童面具是永远的少年，不很好吗？”

“你出席鸟山的遗体告别仪式了吗？”

“不知因什么事而失礼了。”铃本起身说，“反正先放你这儿，慢慢欣赏吧。你要是不中意，可向别人推荐。”

“什么中意不中意，都与我无缘。面具虽好，但离开了能乐，由我们死藏着，不是断送了它的生命吗?”

“嗐，随你说。”

“价格呢?很贵吗?”信吾追着问。

“对了，为了不忘记，我让夫人写在那纸绳上了。那是大概的价码，还会便宜的。”

信吾戴上老花眼镜，展开纸绳看价格，就在眼前的东西变得清晰时，那慈童的工笔和嘴唇显得非常美丽，差点儿失声叫起来。

铃本走后，英子走到桌边。

“漂亮吧?”

英子默默地点点头。

“能戴上它试试吗?”

“哟，我戴不怪吗，穿着西服?”英子话是这么说，可当信吾把面具拿过去的时候，她还是把面具套在自己的脸上，并在后脑勺系好纸绳。

“慢慢地转动着看。”

“是。”英子孤零零地站着，从各个方向变动面具。

“妙，妙!”信吾不禁叫起来。就这样动动，面具就活了起来。

英子身着豆沙色的西服，烫过的波浪头发从面具两侧露出来，看上去特别可爱动人。

“行了吗？”

“嗯。”

信吾马上让英子去购买能面具的参考书。

## 三

喝食和慈童都有作者名字，翻书一查就知道，虽然这面具算不上室町时代的老作品，却是下一代的名人之作。连第一次染指观赏的信吾也认为它们不是赝品。

“嗬，真吓人。什么呀？”保子戴上老花镜看起面具来。

菊子在哧哧地笑。

“妈妈，您用爸爸的老花眼镜行吗？”

“是啊，老花眼镜真是个没准星的东西。”信吾代替保子回答。

“我不管借谁的，大都能管用。”

保子用的是信吾从口袋里掏出的那副眼镜。

“一般来说总是丈夫先用，可是，我家是老太婆大一岁。”

信吾很开心，没脱外衣就把脚伸进了暖笼。

“老花眼可怜的是看不清食物。有时候呀，拿出来的菜是比较复杂、精工细作的，就会分不清什么是哪一样。刚开始老花时，这样拿起饭碗，那饭粒竟模糊起来，一粒一粒看不清，真是可悲呀。”话是这么说，可信吾还是起劲地看着能面具。

他终于发现菊子把衣服放在膝盖前，等着自己换衣服，同时也意识到今天修一又没回家。

信吾站起来一边换衣服，一边俯视暖笼上的面具。有时，他会避免马上去观察菊子的表情。

菊子从刚才起就不想过来看面具。想到她佯装若无其事地折叠西服是因为修一没有回家时，信吾的心情阴郁了。

“怎么看也不舒服，活像个人头。”保子说。

信吾又回到暖笼里，说：“哪张好？”

“这张好吧。”保子说着，立即拿起了喝食的面具，“就像是活人一样。”

“哼，是吗？”信吾对保子的毫不犹疑大失所望，“时代虽然相同，但作者不同。都是丰臣秀吉时代的。”说着，他把脸朝慈童面具的正上方凑去。

喝食是男性面孔，眉毛也是男性化的。可是慈童带着几分中性的味道，眼睛和眉毛之间的距离较宽。那慈祥的弯月眉像少女的。

从正上方凑近看去，面具那恰似少女柔滑的肌肤在信吾的老花眼里越来越软。它带着人的体温，生动地微笑着。

“啊。”信吾倒吸了口气，把脸凑到三四寸的近处，有个活生生的女人在微笑，笑容美丽、清纯。

眼睛和嘴实在生动，呆滞的眼眶里有黑色的眼珠，暗红色的嘴唇看上去湿润、可爱。信吾屏住呼吸，鼻子几乎就要触及时，那大大的黑眼睛从下面浮现出来，下唇肌肉饱满。信吾差一点儿要与之接吻。他长出一口气，离开了面具。

一离开，便难以置信是真的。信吾一时间喘着粗气。他绷着脸把慈童的面具装入袋中，那是一只红底锦缎袋。喝食的袋子交给了保子。

“装进去。”

古色的口红从唇边向嘴角抹去，渐渐地变淡。信吾感到自己看到了慈童下唇内侧的深处，嘴微微地张开着，里面没有牙齿，嘴唇宛如雪上的花蕾。

对于能面具而言，如此几乎脸贴脸地观看真是不应有的邪门歪道，或许制作假面的人压根儿不会想到。原本在能乐舞台上用适当的距离观看最为生动的面具却像现在这样在极近处变得更加活灵活现，信吾以为这或许是面具制作者的爱的秘密吧。

因为信吾自己也感受到了一种类似天国邪恋般的心跳，而且他实在觉得好笑：那面具会比人间美女还要娇艳，大概是由于自己用老花眼看的缘故吧。

然而，在梦中拥抱姑娘，觉得戴上面具的英子可爱，还想要与慈童接吻，这些奇怪的现象不断，使信吾想到，自己心中莫非有东西在飘荡？

信吾的眼睛老花以后，尚未与年轻女子的脸接触过，难道老花眼还会有慢慢柔和的功能？

“这面具是奠仪回礼玉露茶的送家，就是在温泉猝死的水田所收藏的。”信吾对保子说。

“令人不快。”保子反复地说。

信吾往粗茶里加入威士忌后，喝了下去。

菊子在厨房里切着做加级鱼火锅的葱花。

## 四

岁末二十九日的早晨，信吾在洗脸的时候看到了阿照把小狗全带出来晒太阳的情景。

虽然小狗会从女佣房间的地板下爬出来，但信吾家还是闹不清它们究竟是四只还是五只。菊子敏捷地抓住爬出来的小狗，把它抱进屋。小狗被抱着的时候，显得很老实，可是，一看到人就往地板下钻。它们从未一起出来过，所以菊子一会儿说有四只，一会儿说有五只。

在早晨的阳光里，看到小狗共有五只。

它们在上一次信吾看到麻雀和黄道眉在一起的同一个山脚，那儿高高地堆着躲避空袭时挖藏身洞的土。战争时，那儿还种过蔬菜，现在成了动物们早晨晒太阳的地方。

黄道眉和麻雀啄过草穗的芒草已经枯萎了，却依然呈现出原来那种茁壮的样子，覆盖在山脚和土堆上。土堆上的杂草柔软，阿照选择在那儿晒太阳的智慧使信吾钦佩。

在人们起床之前或即便起了床也在忙着洗漱做早饭时，阿照把它的孩子带到好地方，沐浴着朝阳哺乳，悠然地享受不受人类干扰的时光。信吾一开始就这样认为，为这小阳春的光景欣慰，虽然已是岁末的二十九日，可镰仓依然是阳光灿烂的小阳春。

仔细看去，只见五只小狗正争抢着乳房互相推挤，用前腿内侧像水泵一样挤推乳房。小狗们正充分发挥着它们强大的本能。而阿照呢，大概觉得小狗们已长大，可以爬上土堆，就不愿哺乳了。它要么晃着身子，要么将腹部朝下。阿照的乳房上有小狗爪子抓伤的红色伤痕。

阿照终于站起来，赶走乳房上的小狗，跑下土堆。一只紧咬不放的小黑狗一下子从土堆上滚落下来。土堆有三尺高，信吾不禁一惊，但小狗什么事也没有，重新翻过身，立即怅然若失地站起走路，嗅着土地的气味。

“怎么啦?”信吾想，这小狗的模样明明是现在刚看到的，但是感觉上好像和以前看到的一模一样。信吾思考了一阵。

“对了，是宗达的画。”他轻声自语，“嗯，真了不起。”

信吾曾经看到过宗达小狗水墨画的影印版，他记得那是模型化的像玩具一样的小狗，现在又为发现那是活生生的写实而惊异。要是给刚才见到的小黑狗赋予一些风格和美感，不就与宗达的画如出一辙了吗?

信吾又联想到喝食的能面具是写实的，像某一个人。

那位制作喝食面具的作者与画家宗达是同一时代的人。

今天来看，宗达画的是杂种的劣犬狗崽。

“哎，来看噢，小狗全出来啦!”

五只小狗缩着腿，战战兢兢地从土堆上下来。

信吾心中一直期待着，但小黑狗和其他的小狗再也没有表现出宗达画中的模样。

小狗像宗达的画作，慈童面具变成现实中的女性，莫非这二者的两个逆反是一种突如其来的启示?信吾想。

信吾把喝食的面具挂在墙上，却把慈童的面具犹如隐藏秘密一般放到柜子的里面。

保子和菊子都被信吾叫到盥洗室来看小狗。

“怎么搞的，你们洗脸时都没看到吗?”听信吾这么说，菊子把手轻轻地放在保子的肩上，从后面一边望着小狗一边说：

“女人早晨性急，妈妈，您说对吗？”

“是啊。阿照呢？”保子说。

“它的孩子都像迷了路或被遗弃了一样，到处打转呢，阿照上哪儿去了？”

“要抛弃这些小家伙的时候可真不愉快。”信吾说。

“其中两只已有婆家了！”菊子说。

“是吗？有人要？”

“是啊。有一家是阿照的饲养者，他说要一只雌的。”

“嘿？阿照变成野狗之后，就转要小狗来替代吗？”

“好像是。”

“妈妈，阿照是去哪家吃饭了。”菊子回答保子刚才的提问，又向信吾说明：“阿照挺聪明，邻居们都很惊奇。附近这些人家的吃饭时间它都清楚，它按照时间到处转着吃。”

“嗬，是嘛！”

信吾有点失望，近来他总想着早晚给它喂饭，不知它何时在家，敢情阿照是按照各家的吃饭时间在到处转悠啊。

“正确地说，不是吃饭的时间，而是饭后拾掇的时间。”菊子补充说。

“一碰到邻居，他们就说：‘听说这次阿照在你们家分娩了，我们还听说了许多阿照的平时表现。’邻居家的孩子也会跑来说：‘请让我看看阿照的孩子。’都在爸爸不在的时候。”

“挺有人望嘛。”

“对了对了，有位太太还风趣地说：‘这次阿照在府上分娩，所以您家的媳妇也会生了，是阿照在催您家的太太，不是大喜事嘛！’”保子一说，菊子就红了脸，从保子的肩上缩回手来。

“什么呀，妈妈！”

“不就是邻居家的太太这样说说嘛！”

“有这种把狗和人相提并论的人吗？”信吾话一出口，发现此话说得也不妙。

可是菊子却抬起了低垂着的头说：“雨宫家的大爷可为阿照操心啦，他说：‘就请府上收养阿照吧。’他用家长的口吻来请求，真叫我尴尬。”

“是啊，收养也行。”信吾回答。

“其实它已经在我们家住下了。”

那位叫雨宫的，是阿照饲养者家的隔壁邻居。他因事业失败，卖掉房子搬到东京去了。雨宫家有一对老夫妇寄食，帮他们干点家务。因为东京的住房太小，所以留在镰仓租房子住。邻居们都管那老头叫雨宫家的大爷。

阿照最亲近雨宫家的大爷，大爷搬到租赁的房子去后，来看过阿照。

“我马上去告诉大爷，他会放心的。”以这话为由头，菊子向对面走去。

信吾没去注视菊子的背影，而是用眼睛追寻着小黑狗。他发现窗边有棵大蓟倒伏着，花已不见，茎从根部折断了，却依然苍翠。

“蓟可真坚强啊！”信吾说。

# 冬之樱

## 一

大年初一的雨，是从除夕深夜开始下的。

从今年起改为按足岁计算，信吾六十一岁，保子六十二岁了。

本来初一可睡个懒觉，可房子的孩子里子一大早就在走廊里奔跑，吵醒了信吾。

菊子也已经起床。

“里子，过来。我们来烤煮年糕汤用的年糕，请里子来帮忙。”菊子想把里子叫到厨房去，不让她在信吾寝室前的走廊上奔跑，可是里子不听，继续在走廊上啪嗒啪嗒地跑。

“里子，里子！”房子在床上叫她。里子并不回答母亲。

保子也醒了，对信吾说：“下雨的大年初一啊！”

“嗯。”

“因为里子已经起床，所以即使房子能睡，媳妇菊子也必须起床了吧！”

说到“必须”的时候，保子的舌头有点转不过来，信吾感到奇怪。

“我也很久没有在大年初一就被孩子吵醒了。”保子说。

“今后每天都会这样。”

“那也不见得。相原家没走廊，里子来我们家觉得新鲜才跑来跑去的吧。我想住惯了就不会再跑了。”

“是吗？那么大的孩子最爱在走廊里奔跑，啪嗒啪嗒的，声音就像吸在地板上似的。”

“她的脚还软。”保子说完，竖起耳朵听里子的脚步声，又说：“里子今年该是五岁，可足岁变成三岁，就有点使人受骗上当的感觉。而我们，一会儿说六十四岁，一会儿说六十二岁，却没有什么大的区别呀。”

“不过，你这话不对。有件事很妙，我出生的月份比你早，所以从今年开始，有段时间我和你同岁，从我的生日到你的生日这段时间，我们可不是同岁吗？”

“啊，是呀！”保子也发现了。

“怎么样，是大发现吧！真是一生中的非常事件啊！”

“是啊，不过，现在同岁也没有用了。”

“里子，里子，里子！”房子又叫起来。

里子跑够了，好像回到了母亲的床头。

“脚不冷吗？”房子的问话声传来。

信吾闭上眼睛。

隔了一会儿，保子说：“那孩子，在大家起床之前那么奔跑，我看很好。大伙儿都在时，她就把话闷在肚子里，老缠着她妈妈。”

他们俩在揣摩着彼此对这个外孙女的爱。

至少信吾认为，自己的爱受到了保子的试探，不过也许是信吾在试探自己。

里子在走廊里啪嗒啪嗒奔跑的脚步声虽然使睡眠不足的信吾耳烦，然而他并不怎么生气。但他也没有感到外孙女的脚步声是柔和的。的确，信吾是缺少温柔感的人吧。

信吾并未注意到，里子奔跑的走廊里还没打开套窗，暗乎乎的，可保子则立刻感受到了，这一点也成了保子可怜里子的原因。

## 二

是房子婚姻的不幸给孩子里子留下了阴影，对此，信吾并非不怜悯，不过他更多的是感到头疼，因为对于女儿婚姻的失败，他束手无策。

信吾甚至万般无奈，自己也颇感惊愕。

如今，他更加自然地认定，对于出嫁的女儿的婚姻生活，父母的力量固然有限，但到了只有分手的地步，说明女儿自身也没有力量。

房子与相原分手后，带着两个孩子。把她收留在身边，事情并不会就此解决。房子既未治愈创伤，也不能自立。

女人婚姻失败了，难道就没有解决的办法？

秋天时房子离开相原处后没回娘家，而是去了信州的老家。还是乡下发来的电报，信吾他们才知道房子的出走。

房子由修一带回家来。

在娘家待了一个月，房子说要和相原把话说清楚，又离开了娘家。

虽说家人主张由信吾或修一去与相原谈为好，可房子不听，说要自己去。

保子提议，把孩子留在娘家。房子歇斯底里地说："孩子怎么处置不正是要谈的问题吗？算我的孩子，还是相原的？还不知道呢！"

就这样她一去便没有回来。

怎么说这也是他们夫妻间的事。信吾他们搞不清是不是该默默地等上几天，结果日复一日地心神不宁。

房子那边杳无音信。

难道她又想在相原那边住下去了？

"房子可真会久拖，一点儿也不爽快。"保子一说，信吾就回答："我们不也在不爽快地久拖吗？"两人的脸都阴郁了。

房子到除夕那天突然回来了。

“嗐，怎么样了?”保子怯生生地看着房子和她的孩子。

房子想收拢雨伞，可是手在颤抖，伞的撑骨好像也有两根已经断了。

保子见状又问：“下雨了吗?”

菊子走下去，抱起了里子。

当时保子正帮着菊子把红烧肉装进多层方木盒里。房子就是从厨房口进门的。

信吾以为房子是来要些零用钱的，可是结果不像是那样。

保子擦擦手，走进饭厅，站着打量房子。“嗐，相原倒是做得出，让你在除夕夜回娘家!”

房子一言不发，流着泪。

“也罢，情分明显断了!”信吾说。

“是啊。不过，有在除夕被赶出门的吗?”

“我是自己出来的!”房子哭着反驳。

“噢，那还差不多。你是想在家过年才回来的吧，我的话不对，向你道歉。好了，这些事等过了年再慢慢说吧。”

保子又返回厨房。

信吾有点被房子的语气镇住了，不过，也从她的话中感受到母亲特有的爱。

无论是房子除夕夜从厨房门口进家门，还是里子大年初一的早晨在黑暗的廊子里来回跑，保子都对此感到怜悯。就算这种怜悯是好的，但信吾总在怀疑，这是不是对自己的一种拘束。

初一的早晨，房子起得最晚。

听到房子漱口的声音时，大家已坐在饭桌前等候，可是房子化妆又花了很长时间。

“在喝屠苏酒之前先来一杯吧！”修一无事可做，往信吾的杯中倒了日本酒，“爸爸的头发白了许多啊！”

“是啊，到了我们这种岁数，一天中一下子会增加许多白发。别说一天，还会眼看着头发变白呢！”

“那倒不至于。”

“真的。你看着！”说着，信吾把脑袋探过来。

保子和修一一起看着信吾的头，菊子也一本正经地凝视着信吾的头。

菊子的腿上抱着房子的小女儿。

## 三

由于房子和孩子的到来，家里又加了一只暖笼，菊子到新加的暖笼那边去了。

保子从一旁钻进信吾和修一对坐互饮的暖笼。

修一在家很少饮酒，但也许是初一这天下雨，也许是不知觉间喝过了量，他频频自酌，好像没看到父亲似的，眼神渐渐地变了。

信吾曾经听说修一在绢子家喝得酩酊大醉，让与绢子同住的女人唱歌，结果绢子哭了。此刻他看到修一喝醉的眼神，便想起了这件事。

“菊子，菊子！”保子在叫，“拿些橘子来。”

菊子打开拉门，拿来柑橘。

“你呀，到这儿来吧。这两位在喝闷酒呢！”保子说。

菊子瞟了修一一眼，打岔说：“爸爸没喝吧？”

“不，爸爸要思考一下他的一生呢！”修一怨恨似的嘀咕。

“一生？一生的什么？”信吾问。

“虽说笼统，但硬要问结论，那么该是成功或失败的意思吧。”修一说。

“这种事谁搞得清……”信吾回敬道，“哎，今年正月的沙丁鱼干、鱼肉蛋卷的味道基本上恢复到了战前的水平，从这个意义上说，可以说是成功吧。”

“沙丁鱼干、鱼肉蛋卷吗？”

“是啊，不就是这些东西吗？你不是要爸爸思考一下一生吗！”

“说是思考一下……”

“嗯，平凡者的一生可以这样思考：今年还活着，还能够享受到沙丁鱼干和干青鱼籽。不是有许多人已经过世了吗？”

“那倒也是。”

“但是，父亲一辈子的成功与失败，取决于孩子婚姻的成功与失败，这一点可真无能为力啊！”

“这是爸爸的真实感受吗？”

保子抬起头说：“别说啦！初一一大早的，房子也在家！”她轻声说罢，又问菊子：“房子呢？”

“姐姐她去休息了。”

“里子呢？”

“里子和婴儿都去了。”

“哎呀呀，母女三个都去打盹儿了。”保子说着，怅然若失，脸上露出上了年纪的人无邪的神色。

门开了，菊子过去一看，见是谷崎英子来拜年了。

“哎呀呀，这下雨天的。”信吾着实吃惊，不过这“哎呀呀”倒是刚才保子的口气的翻版。

“她说就不进屋了。”菊子说。

“是吗？”

信吾起身走向门口。

英子站着，捧着外衣。她身穿黑色的天鹅绒衣服，脸像是刮过了，但施着浓妆，束着腰，看上去个子更显小巧。

英子有些拘谨地做了问候。

“这么大的雨，难为你来。今天谁也没来过，我也不打算出门。很冷，来暖一暖吧。”

“嗯，谢谢。”

英子冒着风雨交加的严寒走来，信吾猜不透她这是装作有事相告呢，还是真有什么话要说。

总之，信吾感到她冒着这样的雨来真是够呛。

英子不像要进屋的样子。

“那么，我也下决心出去一趟。我跟你一起走，请进来稍候。板仓先生那儿，每年初一都会去会面，他是前任经理。”

信吾从清早就惦念的事，因英子来访而决定实行。他急急忙忙地做着准备。

修一见信吾到门口去了，便横躺下来。信吾返回换衣服时，他又坐了起来。

“谷崎来了。”信吾说。

“啊。”修一应了一声，并不想去见她。

信吾出门时，修一抬起头，眼睛盯着他说：“您得在天黑之前回来！”

“嗯，会早点回来。”

阿照绕到门口来了。

那只小黑狗不知从哪儿走出来的，它学着母亲的样子，也跑到门口，抖一抖浑身的毛，身上有一块毛淋湿了。

“哎呀，真可怜。”英子似乎要向小狗蹲下身去。

“我家生出五只小狗，有人要走了四只，只剩下这一只了。”信吾说，“这一只也有人约定要了。”

横须贺线很空。

信吾从电车车窗看着横降的雨点，心情颇佳，心想，总算出门了。

“每年去朝拜八幡的人很多，电车挤得不得了。”

英子点点头。

“对了，你总是初一来的吧。”信吾说。

“嗯。”英子低头沉默了一会儿，“如果今后我不在公司了，仍然希望您能允许我来。”

“若是结了婚，就不能再请你来了。”信吾说，“怎么啦？是否有什么事才来的？”

“哪里！”

“别客气，说吧。我脑袋瓜迟钝了，有点儿糊涂。”

“您怎么说装糊涂的话。”英子以奇妙的方式说，“不过，我想请您允许我向公司提出离职。”

信吾不是没想到英子会这么说，但他不知怎样回答才好。

“这种话本不该在初一就迫不及待地提出的。”英子以老成的口吻说。

“下次再谈吧。”

“好吧。”

信吾的心情阴郁了。

信吾觉得在自己办公室干了三年的英子好像一下子变成了别的女人。很明显，她与往日不同。

不过，自己平时并没多注意英子，对信吾来说她不过是个女办事员。

突然间，信吾产生了挽留英子的念头，不过他一点也没有抓住英子不放的意思。

“你提出要辞职，我想大概责任在我身上吧，让你陪着去修一情妇家会令你不快，在公司老见修一也会很难受吧。”

“真的很讨厌。”英子坦言，“不过，后来一想，作为父亲那么做是理所当然的，再说我也很清楚自己不好的地方，请修一带我去跳舞、神气活现地到绢子家去玩，很堕落呀！”

“堕落？这好像谈不上吧。”

“变坏了。”英子悲伤地眯着眼，“从公司辞职后，作为对您照顾的感谢，我会让绢子退出的。”

信吾吃了一惊，觉得有点啼笑皆非。

“刚才在大门口见到的是嫂夫人吧？”

“你是说菊子？”

“是啊！她很不好受吧？我已下定了决心，无论如何要对绢子说。”

信吾似乎感受到了英子的轻松，自己的心情好像也轻松起来。

也许用这种轻巧的方法，事情未必不能解决吧。信吾忽然间这样想。

“那就拜托你了。我本不该这样说。”

“我是知恩图报，靠自由意志下决心的。”

英子用小小的嘴唇吐出了夸大的话，信吾总觉得有点啼笑皆非，他甚至想说，你那轻佻的好意就免了吧！

不过，英子似乎对自己的“决心”感动不已。

“有那么好的夫人……真搞不懂男人的心。看到他和绢子调情，我就觉得讨厌。不过，如果他是和夫人的话，无论怎样亲昵，我也不会吃醋的。”英子说。

“不过，不会让旁的女人吃醋的女人，是否让男人不满足？”信吾苦笑。

“修一常常说夫人是孩子、孩子！”

“是对你说吗？”

“是啊，对我和绢子都说了……他还说，正因为是孩子，所以老父亲中意。”

“胡扯！”信吾不由得看了看英子。

英子有些慌神，说：“不过，他最近没说，近来他没谈到夫人的事。”

信吾几乎气得发抖，他意识到修一说的是菊子的身体。

信吾想道：修一难道要妓女做新妻吗？真是无知到了极点！这里还有着令人惊异的精神麻木。

修一居然把妻子的事告诉绢子和英子，这种轻率难道不是来源于精神麻木吗？

信吾感到修一的残忍，不光是修一，还有绢子和英子，她们好像对菊子都很残忍。

修一难道没有感到菊子的纯洁吗？

身形瘦削、肌肤白皙的幺女菊子那稚嫩的容貌浮现在了信吾的眼前。

虽然信吾意识到自己因为儿媳而在感觉上憎恨儿子有点异常，却又难以自已。

喜爱保子姐姐的信吾在她死后与比自己大一岁的保子结了婚，莫非自己的一生之中潜藏着这种异常，才为菊子而愤愤不平吗？

因为修一过早地有了情妇，菊子似乎不知该如何嫉妒了。然而，也许在修一的麻木和残忍的支配下，不，正因为这样，菊子作为一个女人反而觉醒了。

信吾觉得英子是比菊子发育更差的姑娘。

信吾不吭声了，最终他是以自己的某种沉默抑制了自己的愤怒。

英子也沉默了，脱下手套，理了理头发。

## 四

一月中旬，热海旅馆的庭院中盛开着樱花。

这种樱花被称为寒樱，从每年岁末开始开花，它使信吾感到仿佛身处在另一个世界的春季中一般。

信吾误把红梅花看成绯桃，又把白梅错看成杏子之类的花。

进房间之前，信吾被映在泉水上的樱花吸引着走向岸边，站在桥上凝视樱花。接着，他又跑到对岸去看伞形的红梅。

红梅下有三四只白色的鸭子逃散了。那鸭子黄色的嘴、深黄色的脚，也使信吾感到了春意。

明天要接待公司的客人，信吾是来为此做准备的。与旅馆方面商量妥当后，便无他事。

他坐在走廊的椅子上，欣赏着开满鲜花的庭院。白色的杜鹃花也开了。

从十国岭方向有厚厚的雨云团飘来，信吾走进了房间。

桌上放了一只怀表、一只手表，手表快了两分钟。两只表走得一样的时间很少，信吾有时会对此介意。

“你不放心可以只带一只去嘛！”保子说。信吾认为她说得对，但这是多年来的习惯了。

晚饭前下起了暴雨。

由于停电，信吾早早睡了。

醒来时，听到院子里的狗吠声，还有好似大海狂涛般的风雨声。

他的额头上渗出了汗水。犹如春天海边的暴风雨，室内的空气沉闷混浊，暖烘烘的，让人感到胸闷。

信吾做着深呼吸，突然感到一种要吐血似的不安。在还历那年，他有一次吐过少量的血，之后便一切平安。

“不是肺，而是胃恶心。”信吾喃喃自语。

他只觉得耳朵里有着令人讨厌的东西，它们通过两侧的太阳穴聚集在了额头。信吾揉一揉脖子和额头。

类似海鸣一般的是山间暴风雨的声音。此外，还有一种尖厉的风雨声临近。在这种狂风呼啸的深处，可以听到远处隆隆的声响。

信吾明白，那是火车通过丹那隧道的声音，而且可以肯定，准是火车出隧道的时候鸣响了汽笛。

然而，听到汽笛声后，信吾忽然感到害怕，一下清醒了。

那声音实在太长了。要通过那条七八千米长的隧道，火车只需要七八分钟吧。火车从对面的隧道口驶进时，信吾好像就听到了那声音。但是，火车进入对面函南口时，距离这边的热海口七八百米远的旅馆，能听到隧道里的声音吗？

与这种声音一起，信吾的头脑的确感受到穿越黑暗隧道的列车。从对面的隧道口到这边的口子，他一直感觉到火车在行进。火车驶出隧道时，信吾也松了口气。

这可真是一件怪事。信吾想着，明早去问问旅馆的人，或是打电话去车站查询一下。

他又是好一阵睡不着。

“信吾、信吾！”信吾似睡非睡之中听到有人在叫唤。

这样叫唤的只有保子的姐姐。

信吾非常兴奋似的睁开困顿的眼睛。

“信吾、信吾、信吾！”那声音悄然地来到了后窗窗下。

信吾猛然惊醒。后面小河的水声很响，还有小孩子的说话声。

信吾起身，打开了屋后的套窗。

朝阳很明亮，冬天的朝阳闪耀着被春雨濡湿后温暖的光。

小河对面的路上，有七八个去上小学的孩子。

刚才听到的大概是孩子们互相叫唤的声音吧。

但信吾还是探出上身，眼睛朝着小河这边岸上的矮竹中搜寻。

# 晨之水

## 一

正月初一，儿子修一说，父亲的头发几乎全白了。信吾回答：到了我这样的年纪，每天都会增添白发，岂止每天，哪怕是盯着看，头发也会变白的。这是因为信吾想起了北本。

提起信吾学校里的同学，现在都已年逾花甲，从战争中期到战败以后，有不少人感到了命运的失落。五十来岁还在上层的人，一旦跌落就很惨，再不就是一旦跌倒就难以站起。这也是个会在战争中失去儿子的年龄。

北本就痛失了三个儿子。公司的业务转向为战争服务的时候，他成了个没用的技术员。

“在镜子跟前拔白头发时，拔着拔着，听说他发起疯来。”

一位旧友来信吾公司造访时，这样谈到北本。

“不用上班，空闲得慌，为了消遣，他就拔起了白头发。一开始，家里人也不把这当回事，并不是什么需要介意的……可是，北本每天蹲在镜子跟前。明明昨天已经拔掉了的，怎么第二天又有了白发？真的，已经是拔不胜拔了。随着时间的推移，北本在镜子跟前的时间变长了。看不到他的时候，他一定是在镜前拔白发。离开镜前不一会儿，又马上心神不宁地返回，一直在拔呀！”

“所以他的头发才不会没有呀！”信吾笑道。

“嗐，别开玩笑。确实是那样，他的头发最后一根没剩。”

信吾笑得更厉害了。

“瞧你，我可没有瞎说。”朋友与信吾对视着，“据说北本就是在拔白发的时候头发全变白的。拔掉一根白发，周围的两三根马上就会变白。北本就那么一边在镜子里目不转睛地看着头发越变越白的自己，一边不停地拔着白发。他的眼神是无可奈何的，他的头发明显地稀少了。”

信吾忍住笑，问：“他妻子什么也不说，任他去拔吗？”

朋友一本正经地继续说：“剩下的头发越来越少，听说那些少量的头发全变白了。”

“很痛吧？”

“是说拔的时候吧？为了不拔出黑发，所以一根根仔细地拔时并不痛。医生说，拔过之后头皮有麻痹的感觉，用手触摸可能会痛。虽然不会出血，但是没有头发的头皮处会红肿。最终他被送进了精神病院。听说那所剩无几的头发，北本在医院里将其拔得精光了。很可怕吧！令人恐惧的执迷不悟。他是真不想老朽啊，想要年轻。我搞不明白，究竟是精神不正常了才开始拔白发呢，还是白头发拔得太多人才发疯。”

“可是，他不是好了吗？”

“好了，发生了奇迹！他的光头上又长出乱蓬蓬的黑发。”

“那家伙真有一套！”信吾又笑起来。

“那可是千真万确！”朋友不笑，“发疯是不分年龄的！我们要是也疯了，或许也会返老还童的吧。”

朋友看信吾的头说：“像我这样的人已绝无希望，而你呢，则大有希望。”

朋友的头发已秃得差不离了。

“那我也来拔一根试试。”信吾嘀咕。

“拔吧。不过，你不会有拔光头发的干劲儿吧？”

“不会！我对白发并不介意，也不愿为头发变黑而发疯。”

“这是因为你的地位安稳，在万人的苦难和灾祸之中，你过得潇洒。”

“说得容易！如同对北本说，与其去拔那拔不尽的白发，还不如去染发要方便得多一样。”信吾说。

“染发是自欺欺人。要想作假，我们就不会遇上北本那样的奇迹。”朋友说。

“可是，北本不是死了吗？即使发生了你说的那种奇迹，头发变黑，返老还童……”

“你去参加了葬礼？”

“当时并不知道，我是在战争结束、生活稍稍安定了之后才听说的。即使知道，那时是空袭最厉害的时候，也没法去东京呀！”

“不自然的奇迹是短命的。北本拔白头发，也许是在反抗年龄的增长，是在对抗没落的命运，可寿命这东西看来是另一回事。头发变黑寿命未必延长，弄不好恰恰相反。在白发之后长出黑发，消耗了太多的精力，反而缩短了寿命。不过对北本的拼死冒险，我们也不能事不关己哟。”朋友摇着头作了结论。他的脑袋中央秃了，边上的头发稀稀落落，犹如竹帘子。

“无论遇到谁，近来头发都白了。像我在战时还不怎么白，到战争结束后，一下明显白了。”信吾说。

信吾并不完全相信朋友的话，觉得那不过是添枝加叶的传闻。

但是，北本去世的消息也从别人那里听说了，是确实的。

朋友回去后，信吾独自想起刚才的交谈，产生了奇妙的心理。他觉得如果北本的死是事实，那么在这之前的白发再生为黑发也该是事实。而如果长黑发是事实的话，那么之前的发疯也应该确有其事，再前面北本把头发全拔光也该是真的。倘若拔光头发也是事实，那么北本照着镜子看自己的头发变白好像也是事实。如此一来，朋友说的岂不全是事实？信吾不由得大吃一惊。

“忘了问他，北本死的时候情况如何，头发是黑的，还是白的？”

信吾说着笑了，他的话和笑均不出声，只是自己能听见。

朋友的话就算都是事实，没有夸张，可总是一种嘲弄北本的语气吧。一个老人用轻薄、残酷的口吻叙说另一个死去的老人的传闻，信吾感到不快。

信吾的同学之中，死得不正常的有这位北本和水田。水田是和年轻妇女一起去温泉旅馆的时候急逝的。去年岁末，信吾不得不买了水田的遗物能面具，而为了北本，他才让谷崎英子进公司工作的。

因为水田去世时已是战后，信吾也去参加了葬礼，而空袭时北本的去世，他只是在以后才听说的。谷崎英子拿着北本女儿的介绍信来公司时，信吾才第一次知道北本的遗属尚散居在岐阜县。

英子是北本女儿的同学。不过，当北本的女儿托信吾帮她同学解决工作问题的时候，他总觉得突然。信吾从未见过北本的女儿，听说英子在战争中也未碰到过北本的女儿，因此他感到这两位姑娘的唐突。如果北本的女儿去和她母亲相商，而他妻子又想到信吾，那么可以由他妻子写信来嘛。

北本女儿的介绍信无法使信吾产生责任感。

见到由她介绍的英子，似乎这又是一位身体单薄、心态轻浮的姑娘。

可是，信吾还是让英子进了公司，安排在自己的办公室。英子工作了三年。

三年过得很快，后来信吾觉得，英子居然也坚持下来了。三年之中，英子不但陪修一去跳舞，还出入过修一的情妇家。信吾由英子领路，去那个女人家看过。

这些事近来成了英子的重负，她好像不愿再到公司工作了。

信吾没跟英子谈起过北本，英子理应不知道自己同学的父亲是发疯而死的，她们大概还不是亲如一家的朋友关系。

信吾觉得英子是个轻浮的姑娘，但她的辞职使信吾感受到了英子小小的良心和善意，因为她尚未结婚，这种良心和善意就显得纯洁。

## 二

“爸爸，您起得早呀！”

菊子倒掉自己正在洗脸的水，为信吾换了一盆水端来。

鲜血一滴滴地掉入水中，血在水中漾开变得稀薄。

信吾突然回想起自己的轻度咯血，觉得这比自己的血更美，他以为是菊子咯血，其实是流鼻血。

菊子用毛巾摁住鼻子。

“抬起头，抬起头！”信吾的手臂搭在菊子的背上，菊子像是躲避似的向前蹒跚。信吾抓住她的肩胛，往后一拖，另一只手放在菊子的额头，让她仰起头来。

“啊，爸爸，没关系的。对不起。”

菊子正说着，鲜血从手掌笔直地流向肘部。

“别动，蹲下，蹲下！”被信吾架着，菊子就地蹲坐下来，倚在墙壁上。

“去躺一下吧！”信吾说。

菊子双目紧闭，一动不动。她像晕厥过去似的，脸色煞白，看上去有着对某种东西死了心的孩子般的天真。信吾看到了她刘海下淡淡的伤疤。“止住了吗？血止住后，去卧室休息吧。”

“嗯，不要紧了。”菊子用毛巾擦了擦鼻子，“那脸盆弄脏了，我就去洗。”

“嗯，行了。”

信吾急忙倒掉了脸盆中的水，鲜血溶化变淡的颜色滞留在水底。

信吾没用那脸盆，而是用手掌接着自来水洗了脸。他叫起妻子，想叫她去帮帮菊子。

可是，他又想到，菊子可能不愿让婆婆看到自己那痛苦的模样。

菊子的鼻血仿佛是喷出来的，信吾觉得那就如同菊子的痛苦喷射出来一样。

信吾在镜子跟前梳头的时候，菊子走了过去。

“菊子！”

“嗯。”菊子回了一下头，还是朝厨房走去。她用火铲铲来炭火。信吾看到爆裂的火星。菊子用煤气烧着的炭火放进了饭厅的暖笼中。

“呀！”信吾惊得差点叫出声来，自己竟稀里糊涂地把女儿房子回家的事给忘了。饭厅很暗是因为房子和两个孩子睡在隔壁的房间里，套窗没有打开。

要叫人去帮菊子其实可不必叫老妻，叫起房子就行。可是他在想到叫起妻子的时候脑子里全然没想到房子，这真奇怪。

信吾钻进暖笼，菊子来沏热茶。

“走路不稳吧？”

“有一点儿。”

“还早呢，今早就歇歇吧。”

“差不多该准备了。去拿报纸时被冷风一吹，好多了。

人们都说女人出鼻血，不用担心。”菊子说得轻巧，“今天早晨很冷，爸爸为什么起这么早？”

“为什么呢？在寺庙的钟声敲响之前我就醒了。那钟声不论冬夏，都在六点敲响。”

信吾虽然起得早，却要比修一晚去上班。冬天里总这样。

午饭时，信吾叫修一一起去西餐馆，问：“你知道菊子额头的伤吧？”

“知道。”

“那是难产时医生用产钳留下的痕迹。虽然说不上是出生时痛苦的遗痕，可菊子难受时，伤痕就格外显眼了。”

“是今天早晨吗？”

“是的。”

“出鼻血了。她脸色不好，准是出鼻血。”

原来菊子已经把出鼻血的事告诉修一了，信吾有点败兴，可他还是问：

“昨天夜里菊子没睡好吗？”

修一皱眉了，沉默了一阵，说：“你完全不必对外来人那么客气嘛！”

“外来人是什么意思，不是你自己的老婆吗？”

“所以我要说，你不必对儿子的老婆客气。”

“什么意思？”

修一没有回答。

## 三

信吾走进会客室，见英子坐在椅子上，还有一个女人站着。

英子站起来问候：“好久不见，天气暖和起来了。”

“久违，二月了嘛！”

英子好像有点发胖，妆也化得浓了。信吾想起有一次和英子去跳舞，发现她乳房的大小恰好一掌时的感觉。

“这是池田小姐，以前我对你说过的……”英子一边介绍，一边露出一副要哭似的可爱的眼神，这是她认真时的习惯。

“你好，我是尾形。”

信吾无法对这女人说：谢谢你关照了修一。

“池田小姐说不想见您，说没有理由见您。我是硬把她请来的。”

“是吗？”

接着，信吾对英子说：“在这儿行吗？还是另找个地方？”

英子征询似的望着池田。

“我在这儿可以。”池田冷冷地说。

信吾内心十分困惑。

英子好像是说过要让与修一情妇同居的女人见见信吾，可是，信吾听过并未当真。

在辞去工作的两个月后，英子实现了诺言，实在让信吾感到意外。

总算来摊牌了吧。信吾等着池田或英子开口。

“因为英子不厌其烦地说，我想总得见您一次才来拜访的。”

池田的口气倒像是在反抗。

“不过，既然这样造访了，若您说让我帮助绢子和修一分手，我想也行，以前我就对绢子说过，还是和修一分手的好。”

“是吗？”

“您对英子小姐有恩，她又很同情修一太太。”

“她是位好太太。”英子插嘴说。

“英子这样对绢子说过，可是，因为别人有好太太就自动退出的女人如今很少。绢子这样说：要归还别人，就得先归还我战死的丈夫！如果他能活着回来，无论怎样去寻花问柳、乱搞女人，我都任由他去。她问我：池田，你说呢？如果在战场上失去了丈夫，那么你说不定也会有这种想法。绢子还说：丈夫去了战场，我们不也在忍耐吗？失去了丈夫的我们该怎么办？即便修一上我这儿来，也不用担心他会死，我不是让他好端端地回去了吗？”

信吾苦笑。

“太太好，丈夫也没有战死嘛！”

“嗐，那可是蛮不讲理。”

“是的。这是喝醉了酒以后哭着说的话……她和修一两人喝得酩酊大醉。她对修一说：你回去告诉你太太，她没有等待上战场的丈夫的经验吧，她不就是在等待肯定能回家的丈夫吗？行，我可以说，我也是其中的一个。这种战争寡妇的恋爱，有什么不对？”

“哎，这怎么说呢？”

“男人们，比方说修一喝醉了也不行，对绢子做出很粗暴的举动，还让她唱歌。绢子讨厌唱歌，没办法，只能由我小声代唱。就是这样，还不能使修一平静，在邻居面前丢人现眼……我被迫唱歌，受到侮辱，很是窝心，可我想到，这也许不是发酒疯，而是战场上的一种习惯。修一在某处战场上也是如此玩女人的吧！这么一想，修一那乱来的模样看上去就像自己战死的丈夫在战地玩女人。我心中一紧，头脑便模糊了，产生了自己是陪着丈夫的女人的错觉，然后唱着下流的歌曲哭泣。之后我告诉绢子，觉得只有对自己的丈夫才会那么干，也许确是这样。之后，修一逼我唱歌时，绢子也哭了……”

对于这种病态的行为，信吾阴沉着脸。

“为了你们自己，这种事还是快别干的好。”

“是呀。修一回去后，绢子曾痛切地说过：池田做这种事真是堕落。这样的话还是与修一分手的好，可是绢子又觉得一旦分手，她似乎会真的堕落，她害怕那样。女人嘛……”

“那不要紧！”英子在一旁说。

“是的，她有工作，英子也会看着。”

“是呀。”

“我穿的也是绢子缝制的。”池田指着自己身上的西服说，“她的地位仅次于裁剪主任，在店里很受重视。英子工作的事一说，马上就办成了。”

“你也在那家店工作？”信吾惊奇地看着英子问。

“是的。”英子点点头，有点脸红。

因修一的情妇，进了她的店家工作，今天又这样带着池田来这儿，英子的想法真叫信吾弄不懂。

“所以，绢子在经济上并没有给修一添什么麻烦。”池田说。

“当然是，要说经济的话……”

信吾很生气，刚开始说却又停下了。

“看到绢子被修一糟蹋，我常常说，”池田垂着头，双手搁在膝盖上，“修一也是负伤而归的人，他是一个心灵的伤兵。所以……”她抬起头，“你们不能和他分开住吗？我想，如果就是他和太太两个人住一起，不就会和绢子分手了吗？我想来想去……”

“是啊，让我考虑一下。”

信吾肯定地回答，虽然对池田的指手画脚很反感，却又颇具同感。

## 四

对池田这个女人，信吾没有任何所求，所以无话可说。他好像只是听取对方所说的情况。

对池田而言，就算信吾并不觉得丢脸，可他不肯无拘无束地交谈，那她就不明白信吾为什么要与自己见面。不过，自己毕竟说了那么多，好像为绢子做了辩解，又并不局限于此。

信吾觉得应该感谢英子和池田。他没有对她俩的来访持怀疑、猜忌的态度。

但是他的自尊心像是受到了难以忍受的屈辱。回去时，信吾来到公司举行的宴会上，刚要入席，有位艺妓在他耳边嘀咕了什么。

“你说什么？我耳背，听不见！”他生气地嚷着，抓住艺妓的肩膀，又马上松开手。

“好痛啊！”艺妓揉着肩。

信吾脸色难看，艺妓把身子凑近信吾说：“到这边来一下。”她把他带到了走廊上。

信吾十一时左右回到家中。修一还没回来。

“您回来啦！”

房子在饭厅对面的房间里给小女儿喂奶，一只胳膊支撑着，抬起头来。

“嗯，我回来了。”信吾朝那边看看，问，“里子睡了吗？”

“是的，她刚睡着。里子问我：‘妈妈，一万日元和一百万日元哪个多呀？’刚才我们还在大笑呢！我让她等外公回来后再问，说着说着，她就睡着了。”

“哼，战前的一万日元和战后的一百万日元比啊。”信吾笑着说，“菊子，给我倒杯水来。”

“嗯。要生水？您要喝吗？”菊子起身去取，好像感到稀罕。

“要井水，我讨厌用过漂白粉的。”

“知道了。”

“里子不是战前生的，那时我还没结婚呢。”房子在床铺上说。

“不管是战前还是战后，看来还是不结婚的好。”

听到房后传来的井边打水声，信吾的妻子说：“按水泵时发出的吱吱声，现在听上去也不冷了。冬天时为给你烧茶，菊子一清早打井水时发出的声音，在床上听了都觉得冷。”

“嗯。我在想，还是让修一他们分开住吧。”信吾小声说。

“分开住吗？”

“还是分开住好吧。”

“是啊，要是房子在家里久住下去的话……”

“妈妈，要是分开住，我出去吧。”房子爬起来，“让我分开住，是吧？”

“这事与你无关。”信吾冒出一句。

“有关系啊，还大得很哪！相原说：你爸爸不疼你，所以你的脾气不好。我的嗓子眼儿都塞住了，从来没碰到过这么窝心的事！”

“好啦，稳重点吧，已经三十岁了。”

“没有安定的地方，没法稳重。”房子合拢衣襟，盖上有着丰满乳房的胸脯。

信吾疲惫地站起来说：“老太婆，睡吧！”

菊子端了杯水进来，一只手上拿着一片大树叶。信吾站着喝够了水，问菊子："那是什么？"

"是枇杷树的新叶。在淡淡的月光下，我看见井前有发白的东西在飘忽，心想那是什么，原来是新芽长大了。"

"女学生的兴趣嘛！"房子讥讽地说。

## 夜之声

### 一

男人低沉的呻吟声吵醒了信吾。他搞不清那究竟是人还是狗发出的声音。一开始信吾听上去觉得是狗在哼哼。

他想，那是阿照死一般的痛苦的呻吟，难道它服了毒？

信吾突然心跳加快了。

“啊！”他按住胸口，仿佛是心脏病发作一样。

待完全清醒时才发现，那不是狗，而是人发出的呻吟，是脖子被卡紧、舌头不好使唤的声音。信吾打了个寒战。有人受到了侵害？

“听吧，听吧！”好像有人这样喊着。

是喉咙被卡住后发出的痛苦的呻吟。含混不清。

“听吧，听吧！”

是不是在即将被杀之前要听对方的解释或要求？

又传来人倒在门上的声响，信吾一耸肩准备起床。

“菊子，菊子！”

是修一在叫菊子，他舌头发硬，“菊子[1]”的音发不出来，醉得相当厉害。

信吾精疲力竭，把头搁在枕头上休息，心跳还在持续。他抚摸胸口，调整呼吸。

“菊子，菊子！”

修一不是用手，而是摆动身体在撞门。

信吾吸了口气，打算去开门。可是，他忽然感到自己去开门恐怕不合适。

修一似乎怀着苦恼的爱和悲哀在呼唤菊子。那是一种不顾一切的声音，是在极端痛苦的时候或生命惧怕危险的时候，幼童呼唤母亲的呻吟，也是从罪恶的深渊发出的呼叫。修一在用他那颗敞露着的痛苦的心向菊子撒娇。也许他是怕妻子听不见，才趁着醉意大声撒娇的。他像是一位菊子的拜谒者。

“菊子，菊子！”

信吾感受到了修一的悲哀。

自己是否曾怀着那么绝望的爱叫过妻子的名字？或许自己并不了解修一当时身处外地战场时的绝望。

1 “菊子”与“听吧”在日语中发音近似。

信吾竖耳静听，心想菊子要是醒来就好了。他甚至对让媳妇听到儿子那悲哀的声音感到有点羞涩。他思忖，若菊子不起来，就叫醒妻子保子，但还是菊子起来合适。

信吾把热的汤婆子用脚尖推到床边，是不是因为到了春天还用汤婆子才心跳加速的呢？

替信吾灌汤婆子的是菊子。

“菊子，请灌一下汤婆子！”信吾不时这样说。

菊子给灌的汤婆子，保温的时间最长，灌水口也拧得最严实。

不知是顽固呢还是健康，保子到了这把年纪仍讨厌用汤婆子。她的脚很温暖。五十来岁的时候，信吾还靠着妻子的肌肤取暖，近几年才分开睡。

保子从来不把脚伸到信吾的汤婆子这边来。

“菊子，菊子！”敲门声再次传来。

信吾拧亮枕边的灯，看看时钟，快两点半了，他们坐横须贺线的末班车到达镰仓时是凌晨一点之前。可是，那以后修一又到站前的酒馆去了。

听到修一现在的声音，信吾觉得他与东京情妇的关系已能看到尽头了。

菊子起床，从厨房走出去。

信吾迅速灭灯，口中喃喃自语：原谅他吧。他像是对菊子在说。

修一好像被菊子架着进了屋。

“好痛，快放开！”菊子说，“你的左手抓着我的头发了。”

“是吗？”

两人一起倒在厨房里。“不行！别动……放在我膝盖上……一喝醉，脚就会发胀的。”

“脚发胀？胡说！”

菊子把修一的脚放在自己的膝盖上，像是在给他脱鞋。

菊子宽恕了修一，并没有发生信吾担心的事。在夫妻之间，能如此宽恕丈夫，或许菊子也感到高兴吧。

大概菊子刚才也在仔细倾听着修一的呼唤。

尽管如此，信吾还是感觉到了菊子的温柔——明明是修一从情妇处喝醉了酒回家，她还是抱着他的脚搁在自己的膝盖上为他脱鞋。

菊子让修一睡下后，去关大门和厨房间的门。

修一的鼾声连信吾都可以听见。

他被妻子迎进屋倒头就睡着了，那么在这之前不得不陪着修一喝到烂醉的那个名叫绢子的女人又会怎样呢？修一是否在绢子家喝酒、胡闹，让绢子叫苦不迭呢？

还有，自修一认识了绢子以来，菊子虽然常常面色苍白，可腰围却渐渐地大了。

## 二

修一如雷的鼾声不久就停止了，可信吾再也无法睡着。他想，是否保子那打鼾的习惯已经传给了儿子？也可能并非此因，是他今夜醉得太深的缘故。

近来，信吾没听到保子的鼾声。

天冷的时候，保子照样睡得很好。

信吾睡不好，次日的记性会更坏，这让他感到厌恶，也曾为此沉浸在感伤中。

刚才他可能也是怀着感伤在听修一喊菊子的叫声，修一或许不只是舌头僵硬，而且是趁着醉态表示羞愧吧。

能够从口齿含混不清的声音中感受到修一的爱情和悲哀，其实这不过是信吾感到的自己对修一的一种期望罢了。

总之，因为这叫声，信吾原谅了修一，而且他还认为，菊子大概也原谅了修一。直系亲属的利己主义使信吾如此认定。

信吾想对儿媳菊子好一些，归根结底还是为了偏向自己的亲生儿子。

修一是丑恶的。在东京的情妇那儿喝醉了回来，倒在自家门前。要是信吾出去开门，脸一沉，修一的酒醉可能就会清醒。还是菊子去的好，修一可以倚着菊子的肩胛进屋。

菊子好像既是修一的受害者，又是修一的赦免者。

二十刚出头的菊子与修一过夫妻生活，到了信吾和保子这样的岁数，她该如何一而再、再而三地去宽恕丈夫呢？菊子将无休止地容忍下去吧！

然而，夫妇宛如一个令人可怕的泥沼，能把互相做的坏事完全淹没掉。绢子对修一的爱和修一对菊子的爱，不久便会被修一菊子夫妇的泥沼吸入，不留丝毫痕迹。

战后的法律把亲子单位改为夫妇单位是颇有道理的，信吾想。

“这正是夫妇的泥沼。”他自言自语，“让修一分开住吧。”

心里想着的事一不留神便嘀咕出来，这坏习惯也是年纪大了的缘故吧。

他所说的“夫妇的泥沼”，意思是，只有夫妇两人的话，他们会互相容忍对方的恶行，并将它深埋到泥沼中。

妻子的觉醒是因为能直面丈夫的恶行。

信吾的眉毛发痒，用手去擦了擦。

春天临近了。

深更半夜里醒来，也不像冬季时那样讨厌了。

被修一的叫声吵醒的时候，信吾在梦中已经醒了。当时他还很清楚地记得梦，可是被修一吵醒之后，梦已经几乎全忘了。

是自己的心悸才使梦的记忆消失的吧。

现在还记得的只有一名十四五岁的少女堕胎和“于是，某某姑娘成了永恒的圣少女”这一句话。

信吾读过一本传说，这句话就是那传说的结束语。他借助语言去读传说，同时这个传说的情节又像戏剧或电影一样出现在梦中。信吾并未在梦中登场，完全是一个观赏者。

十四五岁就堕胎，这圣少女真是奇怪，但这里却有着长长的传说。信吾是在梦中阅读少男少女那纯真爱情的名作故事的。读完后，醒来时还留下几分感伤。

少女不知道自己怀孕，也不想堕胎，只是始终如一地爱慕着被迫与她分手的少年。如是这样，那么既不自然也不纯真。

忘却的梦以后无法编造，再说，读这个故事的感情也是梦。

在梦中，少女应该有个名字，长相也应该看得清，然而，信吾现在只模模糊糊地记得她身材的大小，准确地说是小个子，好像穿着和服。

信吾琢磨自己在那位少女的身上是否梦见了保子姐姐的美丽面容，可是看上去也不像。

做梦的起因不过是昨晚晚报上的一则报道。

《少女产双胎、青森出怪事（春情）》。大标题下写着：“据青森县公共卫生科的调查，县内根据优生保护法的人工流产者中，十五岁的有五名，十四岁的有三名，十三岁的有一名；高中学生年龄层十六至十八岁的有四百名。其中高中生占了人工流产者的百分之二十。此外，中学生怀孕，弘前市一名，青森市一名，南津轻郡四名，北津轻郡一名。此外，由于缺少性知识，虽然请了专门医生，却仍导致百分之零点二的人死亡、百分之二点五的人重病这一令人可怖的结果。还有悄悄让非指定医生处置导致死亡的（年幼母亲的）生命，真叫人寒心。”

其中分娩的实例共记述了四例。北津轻郡的中学二年级学生十四岁，去年二月突然临产，生下双胞胎，母子均健康，年幼的母亲现在在读初三。她的父母并不知道女儿怀孕。

青森市高中二年级学生十七岁，与同班的男生约定未来，于去年夏天怀孕。双方家长以还是少男少女的学生为理由让做人工流产，但那位少年说：“我们可不是闹着玩，最近要结婚。”

这段新闻报道使信吾深受震撼，所以在睡眠时梦见少女堕胎。

然而信吾的梦不是描绘少男少女的丑恶，而是一个纯真爱情的传说。把她们当作“永远的圣少女”，这是他在临睡前不曾想过的。

信吾受到的震撼在梦中被美化了。这是为什么呢?

信吾在梦中拯救了堕胎的少女，也许也救了自己。总之，梦中表现了善意。

信吾回首再度审视自己：在梦中是否自己的善意已被唤醒？同时，在衰老中飘摇的青春遗痕是不是使自己做起了少男少女纯真爱情的梦？信吾沉浸在感伤之中。

因为梦后的感伤，信吾才以善意听取修一呻吟似的呼唤，去感受他的爱情和悲哀的吧！

## 三

次日早晨，信吾在床上听到菊子摇醒修一。

近来总是早早醒来，真叫人为难，爱睡懒觉的保子告诫他：“老人泼冷水和早起是讨人嫌的。”再说，比儿媳菊子还起得早连他自己也觉得不妥，所以，他就悄悄地打开大门拿来报纸，在床上慢慢阅读。

修一像是去了盥洗室。

他想刷牙，刚把牙刷放到嘴里，大概觉得不舒服而发出恶心的声音。

菊子小步跑着奔向厨房。

信吾起了床，在走廊上碰到从厨房返回的菊子。

“啊，爸爸。”

菊子像要撞上似的突然站定，脸上泛起了红晕。右手的杯子里洒出了什么东西，大概是她从厨房里取来的凉酒，当作解修一宿醉的晨饮。

这时的菊子没有化妆，有点苍白的脸泛起红晕，惺忪的睡眼含着羞涩，从没抹口红的柔顺的嘴唇间露出美丽的牙齿，腼腆地微笑着。信吾觉得她很可爱。

菊子身上竟然还有着如此稚气的地方！信吾想起了昨夜的梦。

然而，细想一下，报上报道的那种年龄的少女结婚后生孩子的事并不稀奇，在过去的早婚年代有的是。

在那些少年的年龄时，信吾自己也曾不同一般地向往着保子的姐姐。

知道信吾已坐在饭厅里，菊子连忙打开了套窗。

带着春意的朝阳照进屋来。

菊子像是对阳光的充沛感到惊异，加上身后又有信吾看着，便将双手举到头上，把睡散的头发一把拢住。

神社里的大银杏树尚未发芽。但在早晨的阳光中，鼻子已察觉到了树叶发芽的气息。

菊子很快梳妆好，沏来了玉露茶。

“给，爸爸。沏晚了。”

信吾睡醒后要喝热的玉露茶，用开水反而难沏，菊子掌握的火候最佳。

信吾想，这玉露茶若是由未婚的姑娘来沏恐怕更好。

“给喝醉的人送晨酒，为老朽者沏玉露茶，菊子也真够忙的。”信吾小声说。

“哟，爸爸，您知道了？”

“我醒了，起先还以为阿照在哼哼呢！”

“是嘛。”

菊子垂头而坐，好像站不起来。

“我比菊子还先醒呢！”拉门的对面传来房子的说话声。“讨厌的呻吟，听了叫人不舒服。因为阿照没叫，所以我就知道是修一。”

房子穿着睡衣，在给小女儿国子喂奶，她也来到饭厅里。

房子长相难看，但是乳房白皙，很漂亮。

“喂，你这是什么模样，成何体统！”信吾说。

“因为相原不成体统，所以我再怎样也难成体统。女人嫁给了不成体统的男人，变得不成体统也是无可奈何的。”

房子把国子从右乳换到左乳喂，执拗地说：“女儿不成体统就吆喝，那么把女儿嫁去的婆家是否成体统你也该好好调查一下。”

“男人和女人可不一样。”

“一样，瞧瞧修一吧！”房子说着要去盥洗室。

菊子伸出双手，房子把婴儿粗暴地递给菊子，婴儿哭起来。

房子理都不理地走了。

保子洗完脸来到饭厅，说：“给我。”她接过了孩子。

“这孩子的父亲究竟作何打算？房子年三十回家，已经两个多月了。你说房子成何体统，我看她父亲在关键的问题上更不成体统。除夕夜你明明说过：行啦，就来个一刀两断吧。可现在又这样不明不白地久拖着，相原也不来说句话！”保子瞅着手上孩子的脸说，“你雇用的那个叫谷崎的姑娘，照修一的说法，是个半寡妇，而房子也快成半媳妇了。”

“半寡妇是什么意思？”

“没结过婚，所爱的人战死了。”

“可谷崎在战争年代还是个孩子。”

“虚岁有十六七岁了吧，有难以忘怀的人了。”

信吾没想到保子会说出“难以忘怀的人”这句话。

修一没吃早饭就出门了，身体可能不舒服，时间也来不及了。

信吾在家里一直磨蹭到上午的邮差来为止。菊子放在信吾跟前的信中，有给菊子的一封信。

“菊子！”信吾把那封信交给她。

菊子可能没看信封上的名字就给信吾送来了，她很少有信来，所以也不会等待。

菊子当场看了信，说：“是朋友写的，她做了人工流产以后状况不好，住进了本乡的大学医院。”

“嗯？”信吾摘下老花眼镜，看着菊子的脸，“大概请的是非法的接生婆吧，危险呀！”

晚报的报道和今晨的信一致，自己还梦见了堕胎。

信吾想和菊子聊聊昨夜的梦。他感到了一种诱惑，但又说不出口。看着菊子，他觉得自己的身躯中有青春在摇曳，竟闪现出一种联想：“莫非菊子也已经怀孕，想要打胎？”信吾不由得一惊。

## 四

电车经过北镰仓的山谷时，菊子稀罕地眺望窗外。“梅花开了不少呀！”

北镰仓靠近电车车窗附近的地方，有许多梅树，信吾每天都自然地看到它们。

盛开期已过，阳光下的白花已开始枯萎。

“我们家的庭院里不是也开着吗?”信吾说道，不过他又一想，家里只有两棵梅树，菊子今年兴许还是头一次看到梅花呢。

正像很少收到来信一样，菊子也很少外出，最多是去镰仓的街上买买东西而已。

菊子和信吾一起出门，为的是去看看在大学医院住院的朋友。

修一情妇的家就在大学前面，这是信吾担心的事。此外，他还很想打听一下菊子是否已经怀孕，这并不是什么很难问的事，可是，信吾还是错过了问的时机。

对于女性的月经，究竟有几年没听妻子保子提起了?一过多变的更年期，保子便什么都闭口不谈了。是否因为这以后就不是健康的问题，而是消亡呢?

保子闭口不谈的事，信吾也就忘却了。

信吾想问菊子，便想起了保子。

如果保子知道菊子去医院的妇产科，也许就会说让菊子也顺便检查一下的。

保子也向菊子提起过孩子的事，信吾也曾看到过菊子听到后很难受的样子。

菊子对修一肯定也说过自己的身体情况。能听到女人谈自己身体秘密的男人对这个女人来说肯定占有绝对的地位，若女人另有相好的男人，对公开这种秘密就会迟疑。信吾记得以前听朋友说到这一点时还感到很钦佩。

亲生的女儿也不会告诉自己的父亲。

迄今为止，信吾和菊子也一直互相避免谈起修一情妇的事。

倘若菊子已经怀孕，那也许是受到修一情妇的刺激，菊子变成熟了。信吾觉得这件事令人讨厌，但人就是这样的吧。所以他又觉得向菊子打听孩子的事是一种暗中的残忍。

“昨天，雨宫家的大爷来了，您听妈妈说了吗？”菊子突然说。

“不，没听说。”

“他来打招呼说要去东京了，把阿照托付给我们。还给了两大口袋饼干呢！”

“给狗吃？”

“是啊，是给狗的吧。母亲说，一袋才适合人。雨宫的生意势头不错，还增盖了房子，雨宫家的大爷很高兴哪！”

“是啊，商人会很快卖掉房子重新开始，又很迅速地建起新房。我们却是十年如一日啊，只是每天乘这横须贺线，已经乘烦了。上次我们在餐馆开了一个会，是老人的聚会。大家都数十年重复着同样的工作，真是又厌腻又疲倦啊。

差不多该临近死期了吧。”

菊子对“死期”这个词一下子还不理解。

“最后我们要到阎王跟前说，我们的零部件没有过错，那是人生的零部件。在活着的时候，人生的零部件受到人生的惩罚是残酷的。”

“不过……”

“是的。任何时代的任何人是否都有意义地度过了整个人生，这是有疑问的。比方说那个餐馆的看鞋人，每天就是收进、交还客人脱下的鞋。‘人生的零部件变成这个模样，反倒轻松了。’有的老人这么不负责任地说。听女侍说，看鞋的老头也很苦。四周全是鞋架，在一个地窖似的地方叉开腿跨在火盆上取暖，同时为顾客擦皮鞋。在大门口的窖子里，冬天寒冷，夏天炎热。我家的老太婆不是喜欢说养老院吗？”

“是妈妈吗？不过，妈妈说这些话不是跟年轻人经常说想死是一回事吗？是漫不经心说的。”

“她还自言自语地认定比我晚死呢。可你说的年轻人指谁？”

“指谁……”菊子吞吞吐吐起来，“朋友的信里也这么写。”

“今天早晨的那封信？”

“是的，她没有结婚。”

“嗯。”

信吾不吭声，菊子便不好再说下去。

电车驶出了户塚。从户塚到保土谷这个区间很长。

“菊子！”信吾叫道，“我很早就一直在考虑，你们是否考虑过分开住？”

菊子看着信吾的脸，等着他说下去，然后倾诉似的问：

“为什么呢？爸爸。是因为姐姐回来了？”

“不，与房子无关。房子这种半出嫁的样子，虽然很对不起菊子，但是，即使她和相原离婚，在家里也待不长久的。撇开房子，这是你们俩的问题。菊子，分开住不好吗？”

“不，我嘛，爸爸您待我好，所以我想跟您一起住，要是离开您，那叫人多不安啊！”

“说我待你好啊。”

“嗯，我对父亲是很亲的，因为我是最小的孩子爱撒娇，在娘家时受父亲疼爱，所以喜欢和爸爸您在一起。”

“你娘家的父亲疼爱菊子我很清楚。对我来说，菊子在，真不知道是多大的安慰，分开住会寂寞的。但是，修一那副样子，到现在为止，我还没有和菊子商量过。我是不该和你们住在一起的家长。这只有你们俩在一起才能圆满地解决呀。”

“不，爸爸您什么都不说，我也很清楚您是在为我担心，在照顾我，我依赖着您才能这样生活。”菊子的大眼睛里热泪盈眶，“分开住是可怕的，光我一个人很难在家里等待，我会寂寞、悲哀、害怕的。”

“一个人等待是这样的。不过，这种事在电车里不便谈，你仔细想想吧！”

菊子的肩胛有些颤抖，像是真的恐惧。

在东京站下车后，信吾用出租车送菊子去了本乡。

或许是在娘家受惯了宠爱，也或许是眼下感情激动，不过菊子并不认为她的这种态度是不自然的。

总不至于修一的情妇现在正好经过那里吧，信吾感受到了这种危险，所以让汽车等着，目送菊子走进了医院。

## 春之钟

### 一

花季的镰仓适逢佛都七百年纪念节，寺庙的钟声响彻终日。

但是，信吾有时听不见。菊子站着干活儿、说话似乎都能听见，而信吾不侧耳细听就无法听见钟声。

“听！”菊子告诉信吾，“又响了，听呀。”

“嗯？”

信吾歪着头，问保子：“老太婆你怎么样？”

“听见了，那还听不见吗？”保子不当一回事。

保子膝盖上放着五天的报纸，正在慢慢阅读。

“敲响了，敲响了！”信吾说。听到一次后，便容易听清了。

“说是听到了，瞧你高兴的。”保子摘下老花眼镜看着信吾。

“如此每天不停地撞钟，寺庙的和尚也真够累的。”

“敲一下十日元，是让进庙烧香的人敲的，不是和尚。”菊子说。

“这主意不错呀！”

“说是祭奠钟……是不是计划要十万人、百万人去敲？”

“计划？”这话使信吾感到奇怪。

“不过，寺庙的钟声阴森森的，令人讨厌。”

“是吗，阴森森的？”

信吾觉得在四月的星期天，坐在饭厅里赏樱花、听钟声倒是很恬静。

“说是七百年，究竟是指什么？有说是大佛七百年，也有说是日莲上人诞生七百年。”保子问。

信吾无法回答。

“菊子也不知道吗？”

“嗯。”

“真奇怪，我们明明就住在镰仓。”

“妈妈，您膝盖上的报纸没写什么吗？”

“可能已经写了。”保子把报纸交给菊子。报纸折叠得整整齐齐，她自己的手边只留下一份。

“是的，我好像在报上看到过。可是读到这段老年夫妇离家出走的消息，真被它牵动，尽想着这件事。你也看到了吧？”

“嗯。”

“日本赛艇界的恩人——日本划艇协会副会长……”保子读起了报上的文章，接着用自己的话说：“他还兼着赛艇的游艇公司的经理呢，今年六十九岁，他夫人六十八。”

“你为什么被他感动?”

“他给养子夫妇和孙子留下了遗书。”

接着，保子又读起报纸来。

“不过一想到人还活着却被社会遗忘后的那种悲惨样子，就不想活到那种时候。高木子爵[1]的心情很能理解，我想，人在受到大家爱戴的时候消失最佳，应该在被家人深深的爱包裹着，被众多朋友、同辈、后辈的友情簇拥着的时候离去。——这是给养子夫妇的。给孩子的写道——日本的独立日虽已临近，但前途暗淡。害怕战争惨祸的年轻学生若期望和平，就必须贯彻甘地[2]的不抵抗主义。我在自己确信的正确道路上前进，因为年龄太大，要指导你已力不从心。若等待任性（令人讨嫌的年龄）到来，迄今为止的努力全将白费。我们只想给孙儿们留下好爷爷、好奶奶的印象。我们不知道要去的地方，只想安眠。”

读到这儿，保子稍事停顿。

信吾扭过头，看着庭院里的樱花。

保子看着报纸继续念：“离开东京的家，到过大阪的姐

1 即高木正得（？—1948），三笠宫妃的父亲。1948 年留下遗书失踪，数月之后在高尾山中发现其白骨遗体。

2 甘地（1869—1948），领导印度独立的政治家，主张无抵抗、非服从、非协同主义，后被暗杀。

姐家之后便不知去向……大阪的姐姐已有八十岁了。”

“妻子有遗书吗？”

“哎？”

保子抬起头来，有点摸不着头脑。

“妻子，指孙子的奶奶吗？”

“那当然。两人一起去玩，妻子也理应有遗书。譬如我们俩去情死，你有什么想留下的话，不是也会写下来吗？”

“我可不要！”保子干脆地回答，“男女都留遗言，那是年轻人的情死！那是对不能在一起而失望……夫妻关系的一般由丈夫写就行，我们现在有什么要留下的话吗？”

“是啊！”

“我一个人死，当然另当别论。”

“一个人死的时候，怨恨、苦恼一定多得数不胜数。”

“到了这把年纪，似有似无吧。”

“这是没想死又不像会死的老太婆的无忧无虑的声音。”信吾笑道，“菊子呢？”

“问我吗？”菊子的声音又轻又慢，像是很犹豫。

“假如你和修一去情死，你要写自己的遗书吗？”

轻率地说出口后，信吾觉得讲糟了。

“我不知道，还是到那个时候再说吧。”菊子把右手的大拇指放进腰带，像是要松一松腰带，然后看着信吾。

“我想对爸爸要留下几句话的。”菊子的眼睛如孩子般地湿润了，充满了泪水。

信吾感到保子并未考虑死，而菊子就未必没有想过。

菊子向前蹲下，刚要哭倒在地，又立即起身离去了。

保子目送着她说：“真是奇怪，有什么好哭的。歇斯底里，那就是歇斯底里啊！”

信吾解开衬衫的纽扣，把手伸到胸口。

“是心跳厉害吗？”保子问。

“不，是乳头发痒，中心处发硬，痒得很。”

“像十四五岁的姑娘家嘛。”

信吾用左手指去鼓捣左乳。

夫妻一起自杀由丈夫写遗书，妻子却不写。妻子究竟是要丈夫替她写，还是一起写呢？听保子读报的时候，信吾对这一点存有疑问，也很感兴趣。

长年结伴是否就能一心一德呢？老妻难道连个性和遗言都没有了吗？

妻子明明不会死，却要去殉自杀的丈夫，让丈夫的遗言中也带上自己那一份，难道她就没有留恋、悔恨和迷惘吗？真是不可思议。

现在信吾的老妻也说，若是情死，她不需要遗书，由丈夫写就行。

什么也不说就跟着男人去死的女人——男女颠倒的情况也不是绝对没有，但多数是女人跟随男人——这样的女人如今已经老糊涂了，就在自己身边，信吾对此感到惊奇。

菊子和修一这对夫妇结婚时间虽然不久，眼下却已卷入了风波。

向菊子提问：若与修一情死，要不要写自己的遗书，这种问法从不同的角度听是残酷的，会伤害菊子。

信吾知道菊子站立在危险的深渊旁。

“菊子受父亲宠爱，因为那点事就掉泪。”保子说，“你呀，光是疼爱菊子，重要的事情不帮着解决，房子的事情不也一样吗？”

信吾在庭院里观赏盛开的樱花。

在那棵大樱树的根部，八角金盘长得很茂盛。

信吾不喜欢八角金盘，他想在樱树开花之前将八角金盘铲除干净，但这个三月多雪，樱花又很快就开了。

三年之前信吾铲过一次，后来它反而蔓延开来。当时，他曾想过把根翻起来就好了，现在更觉得应该那么做。

被保子一说，信吾对八角金盘厚厚的绿叶更讨厌了。要是没有这八角金盘，樱树粗大的树干便可以直立，树枝便可以不受阻挡地向四周伸展，枝头也可以下垂了。不过，即使有八角金盘在，樱树枝也照样伸展出去了。

樱树上开满樱花，令人感叹。

沐浴着午后的阳光，樱花浮在空中，显得很大，颜色和形状却都文弱，给人以充满空间的感觉。此刻正是花开的盛期，总觉得它还不会掉落。

然而，樱花的花瓣却一片两片地不断在散落，树下已积起了落花。

“看到年轻人杀人、寻死的报道后会不以为怪，可是老年人的报道，读过还是会打动心灵的。”保子说。

她把“受到大家爱戴的时候消失”的老夫妇的报道反复看了两三遍。

“前些日子，报上刊登了一位六十一岁的老人带着患小儿麻痹症的十七岁的儿子去圣路加医院治病的消息。他们从枥木县出来，老人背着儿子，让他参观了东京，儿子怎么也不愿进医院，结果老人用手勒死了他。”

“是吗？我没看见。”信吾含糊地应道。他想起的是印在心中的青森县少女们堕胎的报道，自己连做梦也梦见了。

自己与老妻究竟有何区别？

## 二

“菊子！”房子叫喊，“这架缝纫机老断线，是否有毛病？你来看看！是歌牌的，机器应该没问题，莫非是我技术差？我是歇斯底里吗？”

“可能不正常了，那还是我念书时买的旧机器。”菊子朝那间屋跑去，“不过，它听我的。阿姐，我换你。”

“是吗？里子缠在身边，真急人。好像会缝上她的手一样。其实不可能缝到手，但这孩子的手放在上面，我看着针迹，眼睛会模糊起来，布料和孩子的手胡乱地弄到一起了。”

“姐姐，您是太累了！”

“这就是歇斯底里！要说累的话，该是菊子。我们家不累的人就是孩子的外公和外婆，外公人已过六十，还说乳房发痒，真荒唐！”

菊子去大学医院探望朋友回来，为房子的两个孩子买了衣服料子。

房子现在正在做孩子的衣服，对菊子也高兴起来。

可是，菊子换下房子坐在缝纫机跟前，里子露出了讨厌的眼神。

“你不该又让舅妈买布料又让她缝呀！”

房子一反常态地赔起不是来。

“真对不起，这孩子这种地方与相原一模一样！”

菊子把手放在里子肩上说：“跟外公到大佛处去吧，有童男童女出来，还有跳舞呢！”

在房子的劝诱下，信吾也出了门。

信吾沿着长谷路行走，看到香烟店门口放着一盆山茶。信吾买了一盒“光”牌香烟，赞扬了山茶花，杂色重瓣的花开了五六朵。

香烟铺的老板说：“杂色重瓣花并不行，而盆景只有山茶花好。”说着，他陪信吾来到后庭院，那里有四五坪大小的菜地。在菜地跟前，一排盆景直接放在地面上。山茶是主干有力的老树。香烟铺的老板说：“不能让主干负担过重，花已经摘掉了许多。”

“这样还会开花吗？”信吾问。

“会开许多，只是稍微留下一些好的。店里那棵山茶也能开二三十朵花。”

烟铺老板又讲起如何摆弄盆景，还谈到了镰仓的盆景爱好者的传闻。听他这么一说，信吾想起在商业街的橱窗里的确常常看到盆景。

“谢谢，这是您的爱好吧。”

信吾刚要走出店铺，只听老板说：

“没有什么好东西，后面的山茶花还算可以……有了这一盆花，总要把造型弄得好些，不让它枯萎，因此产生了责任感。对懒汉来说，它是一帖药啊！”

信吾边走，边给刚买的“光”牌烟点上火。

“烟盒上也印着大佛的画像，这烟是为镰仓生产的。”他把烟盒递给房子。

“给我看看！”里子跷起脚来。

“去年秋天，房子离家出走，到信州去过的吧？”

“怎么说离家出走呢？”房子反驳信吾。

“那时在乡下没看到盆景吗？”

“没看到。”

“是啊，这已经是四十年前的事了。乡下的老爷爷喜欢搞盆景，他就是你妈的父亲。可是你妈那么难看，又粗心，而她姐姐却很中她父亲的意，就让她帮着照拂盆景。她长得极美，叫人难以想象她和保子是一对姊妹。一天早晨，放盆景的架子上积了雪，剪着朴素的短发的姐姐，身穿红色的元禄短袖和服，清除盆景上的积雪，那模样至今历历在目，清晰、美丽。信州天冷，气息是雪白的。”

那白色的气息也显出了少女的温柔。

房子是另一代人，对此感到与己无关不足为奇，而信吾忽然沉溺在回忆之中了。

“不过，刚才的山茶花，精心栽培还不到三四十年吧。”

恐怕树龄差不多吧。在盆景中，主干上长出树瘤，那得多少年啊。

保子的姐姐死了，不能总摆放在佛堂里的红枫叶的盆景，是否在谁的照料之下尚未枯萎呢?

## 三

三人来到寺庙中，小孩子的队列顺着大佛前的铺路石道缓慢行进。有的孩子看上去像是远道步行而来，脸上露出疲倦的神色。

在人墙后面，房子抱起了里子。里子的目光停留在身穿花长袖和服的孩子身上。

听说这里造了与谢野晶子[1]的和歌纪念碑，信吾便到后面去看看。刻在石碑上的，原来是放大了的晶子自己的字。

“还是那首‘释迦牟尼’的和歌呀。”信吾说。

但是，房子却不知道这首脍炙人口的和歌，这让信吾感到沮丧。晶子在和歌中写道:“镰仓与大佛，释迦牟尼是美男。”

“大佛并不是释迦，实际上是阿弥陀。因为有错误，所以修改了和歌，但是这首流行的释迦牟尼和歌，现在再改弥陀佛、大佛什么的均不合适，再说这样佛字也会重复。

---

1　与谢野晶子（1878—1942），日本近代诗人、作家。著有诗集《乱发》等。

不过，这样建成和歌纪念碑还是有错呀。”

碑旁拉起了帐幕，有淡茶供应。房子带来了菊子给的茶券。

信吾看到了露天茶的颜色，心想里子也会喝吗？这时里子的一只手已抓住了茶碗，那是供点茶用的很普通的茶碗，信吾说：

“很苦的！”

“苦吗？”里子在喝茶之前，做出一副苦相。

跳舞的少女们走进帐幕，其中的半数人坐在入口处的坐榻上，剩下的少女在她们前面挤作一堆。她们都化了浓妆，穿着华丽的长袖和服。

在那群少女的身后，有两三棵小樱树盛开着樱花。在和服浓艳的色彩对比下，花色显得淡雅。对面稍高一些的绿树上洒满了阳光。

“水，妈妈，要喝水。”里子瞅着跳舞的少女们喊道。

“没有水呀，回家喝吧。”房子安抚她。

信吾忽然间也想喝水了。

三月的一天，信吾在横须贺线的电车里看到一个像里子那样大小的姑娘在品川站的站台上喝自来水。一开始，小姑娘拧开水龙头，水溅上来，她吓了一跳，笑了。笑脸很美。母亲为她调好龙头，她喝得很甜。从小姑娘身上，信吾感到了今年春季要来了。现在，他想起了这件事。

信吾想，看到跳舞的少女们，里子和自己都想喝水，这里是否有什么原委？

“和服，要买和服，要和服。”里子开始闹起来。

房子站起来。

跳舞的少女中有个只比里子大一两岁的姑娘，她的粗眉毛很短，朝下长，十分可爱。脸上有着一双圆铃似的眼睛，眼角处抹了胭脂。

里子被房子牵着手，眼睛盯着那姑娘，走出帐幕就想去那姑娘身边。

“和服、和服！”她不停地嚷着。

“和服啊，到里子七五三节的时候，外公说给你买。”房子的话里带刺，“这孩子打生出来就没穿过和服，只用过尿布，尿布也是用旧浴衣做的，是和服的边角料啊！”

信吾到茶店休息，要了水。里子咕嘟咕嘟地喝了两杯。

出了大佛庙宇，走了不大一会儿，遇见一位穿和服跳舞的小姑娘。她被母亲拉着手，匆匆忙忙地往回赶。她们超过里子身旁的时候，信吾心想，不好！赶紧抱住里子的肩头，可是已经晚了。

“和服！”里子差点儿拽住那姑娘的衣袖。

“呀！”那姑娘一躲，正踩到长袖上，身子向前扑倒。

“啊！”信吾叫着捂住了脸。

“被车压着了！”信吾只听到自己的喊声，可好像是许多人同时叫的。

汽车戛然刹住。一下子伫立的人们当中有三四位跑了过来。

小姑娘很快爬起来，抱住母亲的衣服下摆，像被火烧着一样大哭起来。

“还好，还好，刹车真灵，高档车啊！”有个人说。

“这要碰上你那辆破车，就活不了啦！”

里子抽筋似的翻着白眼，面相吓人。

房子一再问小姑娘是否受伤，衣服袖是否被撕破，喋喋不休地赔不是。小姑娘的母亲一副茫然的样子。

穿和服的姑娘哭停后，浓妆变得一块块的，眼睛宛如冲洗过的那样明亮。

信吾缄默着回到家中。

他们听到婴儿的哭声。菊子唱着摇篮曲迎出来。

“对不起，让孩子哭了。我还是不行！”菊子对房子说。

不知是妹妹的哭声诱发，还是在家里缓过神来了，里子也哇哇地大哭起来。

房子不管里子，从菊子那儿接过婴儿，马上解开衣衫。

“哟，乳房间全是冷汗！”

信吾抬起头，扫视了良宽那幅“天上大风”的匾额，那还是在良宽真迹便宜的年代买的，可却是假货。别人指出过，信吾自己也明白。

“看到晶子的和歌纪念碑了！”信吾对菊子说，“是晶子写的‘释迦牟尼……’。”

“是吗？”

## 四

晚饭后，信吾独自出门，去服装店和旧衣店看看。但是，他没找到适合里子穿的衣服。

越是没有，越是牵挂。

信吾感到一种不快的担忧。

姑娘虽小，但是看到别人穿得鲜艳，居然也如此渴望。

信吾觉得里子那是类似发疯般的发作，她的羡慕和欲望只是比一般孩子强烈一点，还是强得异常呢？

那个跳舞的小姑娘倘若真被轧死了，此刻不知会怎样。美丽的小姑娘的长袖花纹，五彩缤纷地浮现在信吾的眼前，一般商店不会出售那样的盛装。

可要是不买回家，信吾觉得连道路都是黑暗的。

保子只给了房子做尿布用的旧浴衣吗？房子的话虽然尖刻，但是不是实话呢？难道连襁褓和满月初次参拜保护神的衣服都没给过？或许房子还期望得到西服呢！

“记不清了。”信吾自言自语。

保子是不是跟自己商量过，这肯定已忘了。不过，要是信吾和保子能够对房子更关心一点，那么丑闺女也许会生出可爱的外孙女。信吾因为这种无法逃避的自责，脚步十分沉重。

“若知生前身，便无可怜妣。若无亲父母，便无祭我子……”

一首谣曲的曲调浮现在信吾的心中，仅仅是浮现，不可能有穿黑袈裟者的悟性。

“唉，前佛已去，后佛未现，梦中生来，以何为真，偶得难受人身[1]……”

差点儿攥住跳舞小姑娘衣袖的里子那凶恶、狂暴的脾气，究竟是继承了房子的，还是相原方面的血统？若是房子这一边的，那么是房子父亲信吾的血统，还是母亲保子的？

如果信吾是和保子姐姐结的婚，那么大概就不会生出房子这样的女儿，也不会生出里子这样的外孙女吧。

因为一些意想不到的事，信吾又会对一些过去的人产

---

1 此处和前面“若知生前身”数句的引文均为谣曲《卒都婆小镇》中的一段，前佛是释迦，后佛是弥勒菩萨。

生无限的留恋。虽然他已六十有三，但二十来岁时死去的她总是比他年长。

信吾回到家，房子已抱着婴儿上了床，饭厅的纸槅门开着，可以看见。

“睡着了。”信吾朝那头看了看时，保子说，“她心跳得厉害，我让她静卧，服了安眠药后睡着了。”

信吾点点头说：“把那门关起来，怎样？”

“是！”菊子站起来。

里子紧靠着房子的背脊，但是眼睛还睁着。她就是这样，总是默默地一动不动。

信吾没有说去帮里子买衣服的事。

看来房子也没把里子因为要和服差点闯祸的事告诉母亲。

信吾去了客厅，菊子拿来了炭火。

“来，坐吧！”

“嗯，就来。”菊子站起来，把水壶放在托盆上。本来水壶下不必放托盆，可边上放着两枝花。

信吾拿起花问：“这是什么花，像是桔梗。”

“这叫黑百合。”

“黑百合？”

“是的，一位搞茶道的朋友刚刚送的。”菊子边说边打开身后的壁橱门，拿出一只小花瓶。

“这就是黑百合？”信吾觉得稀罕。

“这位朋友说，今年的利休忌[1]在博物馆六窗庵[2]，远州流[3]茶道掌门人的席上插放着黑百合和大龟树的白花，相当不错，是插在古铜的细口花瓶里的……”

“嗯。”

信吾观看黑百合，有两枝，一根茎上开了两朵花。

“今年春天，下过十一二回雪了吧？”

“经常下呢。”

“听说开春的利休忌时也下雪了，积了三四寸厚，因此黑百合也就显得更珍奇了。据说是高山植物呢！”

“颜色有点儿像黑山茶花。”

“是的。”

菊子往花瓶里灌水。

“听说今年的利休忌上，利休的辞世书和他剖腹的短刀也展出了。”

---

1 利休忌为千家流茶道始祖千利休（1522—1591）的忌日，原为阴历2月28日，现在里千家将其放在3月28日进行。

2 六窗庵是位于东京上野公园内国立博物馆的庭院茶室，是具有典型的江户初期茶室风格的日本三茶室之一。

3 远州流是以小堀远州（1579—1647）为始祖的茶道流派，与利休、古田织部一起成为桃山时期之后日本三大茶人流派之一。

“是吗？你那位朋友是茶师吗？”

“是的，她成了战争寡妇……过去她精通茶道，现在派上用场了。”

“什么流派？”

“官休庵，就是武者小路呀。”

不懂茶道的信吾还是没明白。

菊子想把黑百合插进花瓶，在一旁等着，可是信吾拿着花不放手。

“花朵开得有点下垂，是否蔫了？”

“不会，因为已经在水里放过。”

“桔梗开花好像也向下垂。”

“是吗？”

“我觉得这花比桔梗花小一些，你怎么看？”

“我也觉得小些。”

“一开始看上去像是黑色的，其实不是，像深紫色又不是紫色，仿佛抹过浓浓的胭脂一样。明天白天时再仔细看看。”

“在太阳光下，透着红的紫颜色。”

花的大小开足了也不足一寸，大概是七八分吧。六花瓣，雌蕊芯尖开三叉，雄蕊芯有四五根。茎上叶子每隔一寸长了几层，向四边伸展，形状似小百合叶，一寸至一寸五分长。

最后，信吾闻一闻花，随意地说：“一股令人讨厌的女人的臊味！”

这句话虽然不是淫猥气味的意思，却让菊子的眼皮泛红，低下了头。

“这气味叫人泄气。”信吾又说，“你闻闻看！”

“我不要像爸爸这样研究。”

菊子把花插入花瓶，问：“茶道里四朵花就嫌太多了，不弄掉吗？”

“嗯，就这样放着。”

菊子把黑百合花放在地上。

“那壁橱放花瓶的地方有能面具，拿出来让我看看。”

“好的。”

他想起了谣曲中的一段，所以又想到能面具。

信吾拿起慈童的能面说：“这是妖精，据说是永远的少年，买的时候告诉过你吧？”

“没有。”

“公司原先有位谷崎姑娘，买下这张面具时我曾叫她戴过，看上去真是十分可爱。”

菊子把慈童的面具放在脸上。

“这绳子绑在后面吗？”

在面具的眼孔深处，菊子肯定在凝视着信吾。

“不动的话，表情就出不来！”

购买的当天，信吾差点儿要与那可爱的暗红色的嘴唇接吻，他觉得那真可谓是天国的邪恋一般的激动。

“虽为湮没无闻身，仍具酷爱风雅心……”

谣曲里也有这样的词。

信吾没能看到菊子戴着娇艳少年的面具所做的各种动作。

菊子的脸型小，下颌处几乎全被面具盖住。从她的下颌处，那似显非显的泪水滚向咽喉，热泪变成两行、三行，不停地流淌。

“菊子！”信吾叫她，“菊子若与修一分手，是否会去当茶道师傅？今天见到朋友，考虑过这个问题吗？”

戴着慈童面具的菊子点头。

“即使分了手，也在爸爸这儿为您沏茶。”她在面具后面明确地说。

“哇”地传来了里子的哭声。

院子里，阿照狂吠起来。

信吾有种不祥的预感。菊子竖起耳朵，听着门边的动静。是不是星期天也去情妇家的修一回来了。

# 鸟之家

## 一

无论冬夏，附近寺庙的钟声都在六时敲响。信吾也不分冬夏，总是在听到钟声后早起。

虽说是早起，却未必离开床铺，确切地说是早醒。

同样是六点，冬天和夏天大有区别。一年中寺庙的钟总是在六时敲响，信吾也是这样感觉的，但夏天的六点，太阳已经升起了。

枕边虽然放着一只大怀表，但要看时非得戴上眼镜，打开电灯，因此信吾很少看它。没有眼镜的话，连长针和短针都分辨不清了。再说，信吾并不需要注意钟表起床，倒是会为早早醒来而犯愁。

冬季的六点太早，信吾不安于老窝在铺上，便起来去取报纸。

自女佣离去后，菊子总是早起干活儿。

每当菊子对他说："爸爸，您早呀！"信吾总是尴尬地说："嗯，再睡一觉吧。"

“您再睡会儿吧，水还没烧开呢！”

菊子起床，使信吾放心地感受到了人的气息。

冬天的早晨，在一片黑暗中醒来时，信吾会感到寂寞，这是从什么岁数开始的呢？

然而，一到春天来临，信吾睡醒时也觉得温暖了。

现在已过了五月半。信吾听到清晨的钟声后，又听到了老鹰的叫声。

“啊，鹰依然在！”他喃喃自语，在床上倾听。

老鹰好像在屋顶上方盘旋了一圈，向大海方向飞去了。

信吾起床。他一面刷牙一面在空中搜寻，但是没有找到老鹰。

有一种幼小娇嫩的声音，柔和而清亮地掠过。

“菊子，我们家的老鹰叫过了。”信吾朝厨房那边喊。

菊子把冒着热气的饭盛到饭桶里。“没留神，没听见！”

“那只鹰还在我们家啊！”

“是吗？”

“去年也常叫，那是几月份呀？是现在这个时候吗？瞧我这坏记性！”

信吾站着找老鹰，菊子解掉了头上的缎带。

不知为什么，菊子总是用缎带扎好头发睡觉。

菊子打开饭桶的盖子，便急着为信吾准备早茶。

"如果那只老鹰还在，那么我们家的黄道眉理应也在。"

"是啊，还有乌鸦呢！"

"乌鸦？"

信吾笑了。如果有"我们家的鹰"，那么乌鸦当然也就成了"我们家的乌鸦"了。

"在这幢房子里，好像只有人居住，其实还有许多鸟住着呢！"信吾说。

"跳蚤和蚊子现在也要出来了。"

"别讲讨厌的东西。跳蚤和蚊子不是我们家的居民，在这个家里，它们过不了年。"

"跳蚤冬天也有，也许能过年哟！"

"不过，我们不知道跳蚤的寿命有多长，可能不是去年的。"

菊子看着信吾笑了。

"那条蛇也到出洞的时间了。"

"是去年让菊子大惊的那条青大将吗？"

"是的！"

"还说是我们家的精灵呢！"

这是去年夏天的事。菊子买东西回来，在厨房门口见到那条青大将，浑身颤抖。

随着菊子的叫声，阿照跑过来，发疯似的狂吠。它低着头，做出想要吃掉蛇的样子，马上又慌忙躲开四五尺远，再凑近像要袭击似的。阿照反复做着这些动作。

蛇稍稍抬起头，吐出红信子，看也不看阿照，慢慢地游动起来，沿着厨房口的门槛爬走了。

按菊子的说法，那条蛇有厨房门两倍以上的长度，也就是有两米多长，比菊子的手腕还粗。

菊子嗓门儿很高地说着，保子却很镇定地接口道："那是我们家的精灵，早在菊子嫁过来几年前它就在了。"

"要是阿照咬住它，不知结果会怎样？"

"那阿照准会输，要被蛇缠住的……阿照知道，所以才光叫唤。"

后来好长一阵时间菊子都很害怕，不从厨房门走，而是由正门出入。

那条大蛇是在地板下还是在天花板上？想来真叫人害怕。

可是，青大将或许在后山上，极少露面。后山不属于信吾家，弄不清那是谁的。

后山直逼信吾家，陡坡耸立。对于山上的动物来说，山与信吾家的庭院之间并无界线。

后山上的花和树叶也有不少落进院子里来。

"老鹰回来啦！"信吾先是嘀咕，而后提高嗓门儿嚷道，"菊子，老鹰像是回来了！"

“是的，这一次听见了！”

菊子抬头看看天花板。老鹰的叫声持续了一阵。

“刚才是飞到海边去了吗？”

“听声音好像是飞向大海那边的。”

“是飞到海边去觅食，然后再飞回来的吧。”菊子这么说了，信吾也认为有可能。

“我们在一个看得见的地方放上鱼，怎么样？”

“会给阿照叼走的。”

“放在高处。”

去年和前年也一样，信吾醒来时听到这老鹰的叫声便产生了一股爱意。

不仅仅是信吾，“我们家的鹰”这句话在家庭成员中已通用了。

然而，信吾确实不知那鹰是一只还是两只。他记得过去有一年曾看到屋子上空有两只鹰结伴飞舞。

还有，自己听到的果真是同一只老鹰连续数年的叫声吗？它们没有换代吗？或许不知何时父辈的鹰已经死亡，现在已是儿辈的鹰在叫呢！信吾今晨第一次这么想。

信吾他们弄不清老鹰是不是已在去年死去，小鹰正在鸣叫，总觉得那只鹰是自己家的。在似醒非醒的时候，听到它的叫声实在有趣。

镰仓有许多小山，而这只鹰却偏偏选中信吾家的后山居住，想来也叫人不可思议。

有道是“难遇者今得遇，难闻者已得闻”[1]，老鹰或许也一样吧。

不过，就算鹰和他们家住在一起，鹰也只是让他们听听可爱的叫声而已。

## 二

家里就信吾和菊子早起，两人在早晨总是谈些什么，可信吾与修一，大概只有在上下班往返的电车里才能若无其事地交谈吧。

驶过六乡的铁桥，一看到池上的森林，便可知道快要到了。从早上乘的电车上看池上森林已成了信吾的习惯。

可是看了好多年的森林，最近发现里面有两棵松树。

这两棵松树高高的，如鹤立鸡群。它们上半段像拥抱似的互相倾斜着，其树梢部分已很接近，立即就要抱拢一样。

这片森林只有这两棵树高，理应怎么都该看到，可是迄今为止信吾竟未发现，而一旦注意到后，必定是这两棵

---

1 谣曲《卒都婆小镇》中的一段。意为很难听到的佛的教诲，今天听到了。

松树先映入眼帘。

今天早晨，两棵松树在风雨交加之中只能隐约相见。

“修一！”信吾叫儿子，“菊子哪儿不舒服？”

“没什么不舒服。”修一在阅读周刊杂志。他在镰仓站买了两本，一本给了父亲，信吾拿在手上没看。

“哪儿不舒服？”信吾和善地再问。

“她说头痛。”

“是吗？听你妈说，她昨天去东京，到傍晚时回来，倒头就睡，那样子不同寻常，连你妈也发现可能在外面发生了什么事。晚饭也不吃。你九点左右回家时，一走进房间，她就不出声地抽泣了吧？”

“过两三天就会好起来的，没有什么了不起的事。”

“是吗？要是头痛，怕不会是那种哭法吧。今天不是一早又哭了吗？”

“是的。”

“房子送吃的去，她对房子进屋好像极不愿意，遮起脸来……房子嘀嘀咕咕的。我想问你究竟怎么了。”

“好像全家人都在打探菊子的动静一样。”修一翻起眼睛说，“菊子偶尔也会生病的嘛！”

信吾冒火了。“我在问你那是什么病！”

“流产！”修一一吐为快。

信吾大吃一惊，看了看前面的座位，两人都是美国兵。起初以为他们不懂日语，所以才聊起这件事。

信吾声音有点嘶哑。“去看医生了吗？”

“去了。”

“是昨天？”信吾茫然地自言自语。

修一也不再读杂志。

“是的。”

“是当天回来的？”

“是的。”

“是你让她这么做的？”

“是她自己这么说的，根本不听我的。”

“是菊子自己？撒谎！”

“是真的。”

“为什么？怎么会让菊子产生这种念头？”

修一不吭声了。

“还不是你不好！”

“那倒是。可是现在她固执己见，说什么也不想要。”

“要是你劝阻的话，还是可以劝住的。”

“现在已经不行了。”

“‘现在’是什么意思？”

“爸爸您也知道，她说，如果我照现在的样子下去，她就不生孩子。”

“也就是说在你另有女人的情况下？”

“是吧。”

“这‘是吧’又算什么？”

信吾因愠怒而感到心中难受。

“那是菊子的半自杀，你不这么认为吗？与其说是对你的抗议，不如说是半自杀呀！”

修一对信吾的气势感到畏怯。

“你扼杀了菊子的灵魂，再也无法挽回！”

“菊子的灵魂相当那个，犟得很哪！”

“她不是个女人吗？不是你的老婆吗？只要你一个态度，有温柔的抚慰，菊子一定会高高兴兴地生孩子的。情妇的问题另当别论。”

“可是，无法别论呀。”

“菊子很清楚，知道保子在等着孙子。菊子不也对迟迟没生孩子感到脸上无光吗？她不生自己想要的孩子，是因为你扼杀了她的灵魂！”

“不完全对，菊子有她自己的洁癖。”

“洁癖？”

“有了孩子以后的那种遗憾……”

“什么？”

这是他们夫妻之间的事。

信吾感到怀疑，难道修一使菊子感到如此屈辱和嫌恶？

“真叫人难以相信，她那么说，那么做，很难叫人认为这是出于菊子的本愿。丈夫把妻子的洁癖当作问题，本身就证明爱情浅薄。有谁会把女人的任性当真呢？”信吾的气势有些受挫，“要是知道错过了这次得孙子的机会，你妈还不知道会怎么说呢。”

“不过，因此可以知道菊子能生孩子，妈妈可以放心了。”

“你说什么？你能保证她下次再生？”

“可以保证。”

“这种事是无法无天的证明，是不爱人类的证明！”

“别说得那么难懂，事情不是很简单吗？”

“不简单！你好好想想，菊子不是哭得那么伤心吗？”

“我也不是不想要孩子，可是，现在两人的状态不佳，这种时候生不出好孩子的。”

“要说你的状态如何我不知道，可菊子的状态并不错。如果说有谁状态不好，那只有你。菊子这个人是不会有状态不好的时候的，那是因为你没有平息她的嫉妒，你为此失去了孩子，或许还不光失去孩子！”

修一吃惊地看着信吾。

“看看你从情妇处喝得烂醉回家，把穿着脏鞋的脚搁在菊子的膝盖上，由她为你脱鞋的情景吧！”信吾说。

## 三

这一天，信吾因公司的事情去了银行，并和银行的朋友一起出去吃午饭，他们一直谈到两点半。信吾从饭店给公司打了电话后便直接回家了。

菊子抱着国子坐在走廊上。信吾早回家使她慌忙地想站起来。

“行了，坐着吧！你不躺着休息，能行吗？”

“嗯，我正想帮孩子换尿布呢！”

“房子呢？”

“带着里子上邮局去了。”

“把孩子交给你，她上邮局有什么事？”

“稍等一下，先帮外公拿替换衣服。”菊子对婴孩说。

“没关系，没关系，先帮孩子换吧。”

菊子笑着抬头望着信吾，唇间露出排列整齐的牙齿。

“外公说先给国子换。”

菊子穿着宽松艳丽的铭仙绸和服，系着窄腰带。

“爸爸，东京的雨也停了吗?”

“雨吗? 在东京站上车的时候还在下，下车时已是晴天，从什么地方开始晴的，我没注意。”

“镰仓刚才还在下，姐姐是雨停后出门的。”

“山还是湿的呢!”

婴孩被放在走廊上。她躺着跷起光脚，双手抓住脚趾，脚的动作比手自如。

“对了，可以看到山呀!”菊子擦着婴儿的胯下。

美国军用飞机低飞而来，声音吓人，婴儿抬头看山。看不到飞机，只看到飞机巨大的阴影投在后山的斜坡上，不知婴儿是否看到了飞机的影子。

婴儿专注、惊讶的目光打动了信吾。

“这孩子不知道空袭，已经有许许多多不了解战争的孩子出生了。”

信吾仔细观察国子的眼睛，这时她眼中的光辉已经平缓了。

“要是把国子刚才的眼神拍成照片就好了。把山上飞机的影子也拍进去。再拍一张……”

信吾想说“婴儿被飞机击中惨死”，但又想到菊子昨天刚做了人工流产，便没说出口。

然而，这两张婴儿照片不仅仅是想象中的。现实里，这样的婴儿肯定不计其数了吧。

菊子抱起国子，一只手帮她裹好尿布，向浴室走去。

信吾惦记着菊子才早回家的。他回到饭厅里。

“这么早就回来啦！”保子说着走进来。

“你刚才在哪儿？”

“我洗了头。雨停了，太阳一照，头就发痒，上了年纪的人，头特别会发痒。”

“我的头倒不怎么发痒嘛。”

“你的脑袋长得好啊。”保子笑道，“我知道你回来了，可正洗着头跑出来，你会说我吓着你的。”

“老太婆洗头啊。还是快剪掉，弄个茶刷式发髻，如何？”

“真是的。不过，茶刷式发髻不光是老太婆，江户时代，男女都梳这种发型，剪得短短的，在后面扎起，束起的头发顶端处弄成茶刷，歌舞伎里可以看到。”

“后面不用扎，剪短后下垂就行。”

“那样也成。不过，你和我毛发都多。”

信吾压低嗓门儿问：“菊子起床啦？”

“嗯，她起来看看的……脸色不好呀！”

“那就别让她看孩子了。”

“是房子跑到菊子床跟前去要她看一会儿的，她正熟睡着呢！”

“你帮她看一下不好吗？”

“国子哭起来的时候，我正在洗头呢！”

保子起身，拿来了信吾的替换衣服。

“这么早回家，我以为你哪儿不舒服呢！”

菊子从浴室回到自己的起居室，信吾喊她：“菊子，菊子！”

“嗯。”

“把国子抱到这儿来吧！”

“好，就来！”

菊子牵着国子的手，让她走过来，还系好了带子。

国子抓住了保子的肩头，正在为信吾刷裤子的保子踮起脚来，把孩子抱上，让她坐在膝盖上。

菊子收起了信吾的西服，把衣服放入隔壁房间的衣橱里，慢慢地关上门。

她在橱门后面的镜子看见自己的脸，不由得一惊。她犹豫不定，是返回饭厅呢，还是回到床上。

“菊子，你还是去躺着的好。”信吾说。

“是。”

信吾的话触动了菊子，她没朝这边看，径直朝起居室走去。

“你不觉得菊子的样子奇怪吗？”保子皱着眉。

信吾不作回答。

“也搞不清她哪儿不舒服。起床一走，差点儿栽倒，真让人担心呀。”

“是啊！”

“总之，修一那件事，你得采取点措施才行！”

信吾点头。

“你找菊子好好谈谈吧？我带国子去迎她母亲，买点晚饭吃的东西来。真是的，房子又有她的事。”

保子抱着婴儿站起身。

“房子去邮局有什么事？”信吾问。

保子回过头来说：“我也在琢磨呢。是不是去给相原寄信啊，分居已有半年了……回到我们家快半年了，还是除夕那天的事。”

“寄信不是附近就有邮筒吗？”

“这个嘛，她大概觉得从总局寄出可以确实地早寄到吧。突然想起了相原，有点迫不及待哟！”

信吾苦笑，感受到了保子的乐观。

说起来能维系家庭的老年妇女都会种下乐观的根子。

信吾捡起保子看过的四五天的报纸，漫不经心地一看，见有一篇题为“两千年前莲花开”的猎奇报道。

报上记载：去年春天，从千叶市检见川弥生式古迹的圆木船中发现三颗莲花种子，经推测大约是两千年前的种子。某莲花博士使它发了芽，今年四月，将花苗分别移植在千叶农事试验场、千叶公园人工湖及千叶市畑町的酿酒店三处。酿酒店老板是遗址发掘的协助人，他在锅中装满水放在庭院里养植。这家酿酒店的莲花率先开花，莲花博士闻讯赶来，抚摸着美丽的花朵连声说："开了、开了！"花从"酒壶"型到"茶碗"型、"饭桶"型，再散开成"盂兰盆"型，还说花瓣有二十四片。

戴着眼镜、头发花白的博士手持即将开花的莲花花茎的照片也刊登在报道之下。再读一遍，得知博士已经六十九岁了。

信吾对着莲花的照片凝视了一阵，然后拿着报纸，跑到菊子的起居室。

这是菊子和修一两人的房间。作为菊子的嫁妆的书桌上，放着修一的礼帽。菊子像是打算写信，帽子边上放着信笺。书桌抽屉前贴着刺绣的布块。

屋内有香水的气味。

"怎么样？你还是别一会儿起来、一会儿起来的好。"信吾坐到书桌前。

菊子睁开眼，凝视着信吾。她想坐起，信吾叫她别起来。她有点无所适从，微微红了脸。然而额头却显得苍白、衰弱，眉毛看上去很美。

“你在报纸上看到两千年前的莲花种子开花的消息了吗？”

“嗯，看到了。”

“你看到啦。”信吾轻声说道，“要是把孩子的事告诉我们，菊子不是可以不必硬撑了吗？那天回家的时候，身体怎样？”

菊子一惊。

“是上个月吧，我跟你提起孩子的事……那时你已经知道有了吗？”

菊子在枕头上摇头。

“那时还不知道。知道以后很难为情，不好说孩子的事。”

“是这样啊。修一说是因为菊子的洁癖。”

看到菊子的眼睛里浮起泪水，信吾就不再往下说了。

“不去看医生行吗？”

“明天去一下。”

第二天，当信吾从公司回到家时，保子急切地说：

“菊子呀，她回老家去了。说是卧床了……两点左右时佐川那里打电话来，是房子接的。电话里说，菊子回到家，说是身体不大好，要养病，很任性，请允许她在那儿静养两三天后再回来。”

“是吗？”

“我让房子说，明天我们让修一去探望。对面打电话的是亲家母。菊子是回娘家去睡觉吗？”

“不是。”

“那究竟是怎么回事呢？”

信吾脱下上衣，抬起头解下领带，同时慢慢地说：“她打掉了孩子。”

“什么？”保子非常吃惊，“嗐，就瞒着我们……是那个菊子吗？当今的人多么令人害怕！”

“妈妈，你真是糊涂。”房子抱起国子，走进饭厅，“我是知道得一清二楚。”

“你怎么会知道的？”信吾不由得诘问。

“这事怎么好说呢？她不要善后处理吗？”

信吾再也接不上第二句话。

## 都之苑

### 一

“我们家的爸爸可真是有趣。”房子手脚很重地把晚饭后的碟、碗摞到盆子上，“对自己的女儿比对外面嫁来的媳妇还要客气！妈，您说呢？”

“房子！”保子责怪。

“我说错了吗？菠菜煮烂了您就说煮过头了，我又没有煮到稀烂的鸟食的程度，菠菜不照样成形吗？您可以到温泉去烫呀。”

“什么温泉！”

“温泉不是可以煮鸡蛋、蒸馒头什么的嘛！妈妈曾经给我吃过什么地方的镭矿泉蛋，蛋白硬、蛋黄软……京都有一家叫作丝瓜亭的餐馆，您不是说很灵的吗？”

“丝瓜亭？”

“也就是瓢亭。这点事我再穷也知道。煮菠菜的方法，管他灵不灵呢！”

保子笑了。

“在镭矿泉的温泉要是计算好热度和时间去烫菠菜，爸爸吃了就会像波派[1]一样，就是菊子不在也会有精神的。”房子说，但并没有笑，“我讨厌。好郁闷啊。”

房子借着膝盖的力气，拿起沉重的盆子说：“美男儿子和美人媳妇不在，吃饭就没味道了。”

信吾抬起头与保子的目光对视。

“你的口齿真伶俐呀！”

“是呀，说也罢，哭也罢，我还都是客气的。”

“孩子要哭也没办法。”信吾喃喃自语。

他刚一开口，房子就一边摇摇晃晃地走向厨房一边说：“不是孩子，是我！”

“孩子要哭是理所当然的！”

“哐啷啷”的，传来了把餐具扔到水池里的响声。

保子一下子站起来。

接着又传来了房子的哭泣声。

里子眼珠朝上翻，看着保子，朝厨房一溜小跑而去。信吾觉得那眼神真是讨厌。

保子也站起来，抱起一旁的国子放到信吾的膝头。

---

1　美国动画片《大力水手》中的主人公，他一吃菠菜就会产生怪力。

“这孩子你抱一下。”然后她也去了厨房。

信吾抱起国子。由于孩子十分柔软，他一下子把孩子抱到腹部，握住婴儿的脚。细细的脚脖子、鼓起的脚底都在信吾的掌中。

“挠痒痒，好吗?”可是，小国子好像还不懂什么叫挠痒痒。

房子还在吃奶的时候，为给她换衣服，总让她光身子睡着。信吾记得去胳肢她时，房子会缩起鼻子，双手乱摇。

信吾很少说小时候的房子长得丑，因为每当想说的时候，总是会想起保子姐姐美丽的模样。

信吾对于从婴儿到成人长相会多变的期待终于落空了。随着年龄的增长，这种期望也变得麻木了。

外孙女里子的相貌比她母亲房子好一些，婴儿国子也有希望。

如此看来，难道自己在第三代身上还在追求保子姐姐的美貌吗?信吾对自己讨厌起来。

尽管如此，他仍然觉得菊子流产的孩子，这个失去的孙女或许正是保子姐姐的再生，而且是无法出生在这个世上的美女。产生这般妄想又使信吾感到吃惊。

信吾松开握着婴儿脚的手，国子便从信吾的膝头下地，朝厨房走去。她手臂向前挥动，脚步不稳。

“危险！”信吾刚一喊，国子就摔倒了。她身体向前倒下，又向一旁翻滚，一时间没哭。

里子扯着房子的袖子，保子抱起国子，四人回到了饭厅。

“爸爸完全是老糊涂了，妈妈！”房子一边擦桌子一边说，“他从公司回来，换衣服时把汗衫和和服大襟向左扣，还系上腰带，一副很怪的模样站着，有这样的人吗？爸爸，你生来也是第一次这么穿吧？真是怪得厉害。”

“不，以前也有过一次。”信吾说，“那时菊子说，在琉球，向左扣和向右扣都可以。”

“哎，在琉球？怎么说呢？”房子的脸色又变了，“菊子是为了讨得爸爸的欢心要聪明呢。真会说话，在琉球！”

信吾强压住怒火。“所谓汗衫，原来是葡萄牙语，在葡萄牙，还真不知道是往左扣还是往右扣呢！”

“这也是菊子的知识吗？”

保子在一旁调停。“夏天的浴衣，你爸爸还经常反穿呢！”

“不在意的反穿和懵懵懂懂地往左扣是两回事！”

“你让国子穿穿和服看，她不会知道该往左还是往右扣吧！”

“爸爸返老还童好像还太早吧。”房子用毫不退让的口气说，“可是妈妈，这不太可怜了吗？也不能说儿媳妇回娘家一两天，爸爸穿和服就要把大襟朝左扣吧。自己的女儿回娘家不是已有半年了吗！”

房子在下雨的除夕回到娘家，的确将近半年了。女婿相原什么也没来说过，信吾也没见到过他。

“快有半年了。”保子附和着说，“不过，房子和菊子的事无关。”

“无关吗？我认为双方与爸爸都有关。”

“这是因为都是孩子的事，要请爸爸去解决。”

房子垂着头，没有作答。

“房子，在这种时候，你想说的还是彻底地倒出来吧！干脆一点，正好菊子也不在家。”

“是我不好，没有重新要说的事。就算不是菊子做的菜，我也希望你们别一声不吭地吃。”房子又要哭了，“难道不是吗？爸爸一声不吭，吃得没有味道，我也不带劲呀！”

“房子，你理应有许多想说的话，两三天前你去邮局，是给相原寄信吗？”

房子吓得一哆嗦，但还是摇头。

“房子好像没有什么其他可去信的地方，我认为她的信是给相原的。”保子相当尖锐。

“是否寄了钱？”因为保子这么问，所以信吾看出保子是瞒着自己给房子零花钱的。

“相原在什么地方？”信吾问，然后掉转脸，等待回答。不过，马上又接着说：“他不会在家里吧！我每个月一次派公司的人去打探他的情况，其实，与其说看他，还不如说是给相原的老母亲送点疗养费。因为，如果房子在他们家里的话，那么也许她就是照顾相原母亲的人。”

“是吗？”保子听了发愣，“你还派公司的人去呀？”

“那是一个老实巴交的人，不打听也不多嘴，没关系的。如果相原在家，我可以去一趟，谈谈房子的事。可是去了只能见到一个腿脚不好的老太太，有什么用呢？”

“相原在干什么呀？”

“嗐，好像是在私贩毒品吧，给人当跑腿的。从喝劣酒开始，他自己首先成了毒品的俘虏。”

保子惊愕地看着信吾，好像迄今为止不对她说这些情况的丈夫远比相原可怕似的。

信吾继续说：“但是，连那腿脚不便的相原母亲似乎也不住在那儿了，由其他人住着，这就意味着房子的家已经不存在了。”

“那么，房子的行李怎么样了？”

“妈妈，橱柜衣箱早就空了。”房子说。

“是吗？你就光提着一个包袱回家，做大好人呀！哎呀呀……”保子叹息。

信吾怀疑房子知道相原的去处才给他寄信去的。

还有，没能阻止相原堕落的究竟是房子、信吾，还是相原自身，或者谁都不是呢？信吾把目光投向迟迟不肯落山的太阳映照着的庭院。

## 二

十时左右，信吾到了公司，看到谷崎英子留下的信。

信上写着：“为了少夫人的事想见您，回头再访。”

英子写的“少夫人”，肯定是指菊子。

替代辞职的英子在信吾办公室工作的是岩树夏子。信吾问她：“谷崎几点来的？”

“是啊，是我上班后在擦桌子的时候，大概八点过一些。”

“她等了吗？”

“是啊，等了一会儿。”

信吾不喜欢夏子又沉重又不清晰的“是啊”的口头语，或许这是夏子乡下的方言。

“去见了修一吗？”

“没有，我想她没见就回去了。”

“唔，如果是八点多来的……”信吾自语。

英子可能是去西服裁缝店上班之前顺路来访的，那么“回头再访”应该是中午休息的时间吧。信吾再一次看了看英子写在大纸上的小字，然后眺望窗外。

万里晴空，这是五月之中最像五月的晴天。

信吾在横须贺线的电车里也在欣赏这晴空。春天里，乘客全都打开了车窗。

贴着六乡川闪亮的流水飞翔的鸟儿也发出银色的亮光，一辆红色车身的公共汽车驶过北侧大桥的景象似乎也并非偶然。

“天上大风、天上大风……”信吾不知不觉地重复着那幅良宽假匾额上的词，望着池上森林。

“哟！”他差点从左侧的车窗里探出身去，“那松树或许不是池上森林的，该更近些。”

今天早晨，那特别高的两棵松树看上去好像到池上森林前面了。

信吾从车窗里盯着看，尽力辨认松树的位置。每天在车窗里观望，他产生了到松树所在的地方实地确认的想法。

然而，说是每天，可发现这两棵松树还是最近的事。多少年来，他只是茫然地望望池上的本门寺森林。

不过，今天还是首次发现那高高的松树不是池上森林里的。这是因为五月早晨的空气特别纯净。

上半段互相倾斜、树梢即将合抱的两棵松树，使信吾有了第二次发现。

昨天晚饭后，信吾说了他找相原家，给相原老母一点帮助的事情之后，说话气势汹汹的房子变得平静老实了。

信吾怜悯房子，仿佛在房子的内心发现了什么，但到底是什么他也不清楚，不像这池上的松树这样明了。

同样是这池上的松树，两三天前，信吾在电车上一边看松树，一边追问修一，使他坦白了菊子流产的事。

这松树已经不是松树了，它和菊子的堕胎联系在一起。也许是因为上下班时每当看见这松树，信吾就会自然地想起菊子。

今天早晨当然也是。

修一坦白的那天早晨，两棵松树因为狂风暴雨而显得模糊，与池上的森林融为一体。可今天早上，森林和松树分离了，伴随着堕胎的事，松树的颜色看上去有些肮脏，或许是天气太好的缘故。

“天气好的日子，人的气候就坏！”信吾自语着无聊的话。他停止观赏公司办公室窗户框住的那块蓝天，开始工作。

过了晌午，英子打来电话，说店里忙着生产夏天服装，今天无法来了。

“你这样忙吗？”

“是的。”英子稍事沉默。

“现在你在店里打电话？”

“是的，不过，绢子不在。”她很直率地说出了修一情妇的名字，“我是等她出去之后才打的。”

“嗯？”

“喂喂，明天早晨我再去拜访。”

“早晨？又是八点？”

“不，明天我等到您来。”

“有那么紧急的事？”

“是。不是急事的急事。从我的感觉来说是急事，想早一点说，非常激动。”

“你很激动？是有关修一的事吗？”

信吾猜不透英子的“激动”，但她连续两天想来说的事情使信吾感到不安。

这种不安越来越甚。三点左右，他给菊子的娘家挂了电话。

电话是佐川菊子娘家的女佣接的。在菊子说话前，电话里传出美妙的音乐。

菊子回娘家后，信吾没有和修一谈起过菊子的事，修一似乎也在回避。此外，去菊子娘家探望一事好像会扩大事态，因此也未进行。

信吾想，从菊子的性格看，她未必会对父母、兄弟说绢子和流产的事。不过最终如何不太清楚。

从听筒传来的美妙的交响乐中响起了“爸爸”的喊声，是菊子那熟悉的声音。“爸爸，让您久等了！”

“唉！”信吾松了口气，“身体怎么样？”

“已经好了！太任性了，对不起。”

“哪里。”信吾下面的话卡住了。

“爸爸！”菊子又高兴地叫起来，“我想见您，现在就上您那儿行吗？”

“现在？你不要紧吗？”

“是的，我想早一点见到您，以免回家难为情……”

“好吧，我在公司等着你。”

音乐在继续。

“喂喂。”信吾追喊，“很好听的音乐啊。”

“哟，忘了关掉……这是芭蕾舞剧《仙女们》，肖邦的组曲。我要了唱片回家。”

“就来吗？”

“嗯。不过到公司不好，让我再想想。”接着菊子说到新宿的御苑碰头。

信吾不知所措，终于笑起来。

菊子觉得自己的主意不错。“爸爸也会因绿色而感到清新畅快的!”

“新宿御苑，我记得一次什么机会参观狗的展览会时去过。”

“就把我当作狗，请您来看吧!”菊子的笑声之后又是《仙女们》的音乐。

## 三

按照与菊子约定的时间，信吾从新宿一丁目的大木户门进了御苑。

门卫边上立有告示牌，上面写着：出租婴儿车，一小时三十日元；草席，一天二十日元。

一对美国夫妇，丈夫抱着女儿，妻子牵着一条德国卷毛大猎犬。

进入御苑的不仅有美国夫妇，也有年轻的情侣结伴而来，唯有美国人走得很慢。

信吾自然地跟着美国人。

道路左侧的树，像落叶松那样的是雪杉。上一次因动物保护会搞的慈善游园会来这里的时候，信吾看到了很漂亮的一片雪杉，却不记得它们在哪儿。

右侧的树上都挂着“侧柏”“美丽松”的名牌。

信吾以为自己先到，所以走得很慢。沿着大门进来的那条路很快到了湖边，在岸边近处的银杏树后面，菊子已坐等在长凳上了。

菊子转过身，半站起身打了招呼。

“你来得真早，说好四点半，提早了十五分钟呀！”信吾看着手表说。

“接到爸爸的电话，我十分高兴，马上就出门了。别提有多开心了。”菊子语速很快。

“那你一直等着？穿得那么少行吗？”

“嗯，这是学生时代的毛衣呀。”菊子一下子脸红起来，“在娘家我没有留下衣服，又不能把姐姐的和服借了穿来。”

菊子是八个兄弟姊妹中最小的一个，姐姐全都出嫁了。她说的“姐姐”大概是指嫂子吧。

深绿色的毛衣是短袖的，信吾今年还是第一次看到菊子赤裸的手臂。

菊子对自己去娘家住，一本正经地表示歉意。

信吾说不出什么应对的话，只是温和地问：“可以回镰仓了吗？”

“可以。”菊子顺从地点头，“我真想回去。”她摇着美丽的肩膀，凝视着信吾。信吾没有看清菊子的肩膀是怎样摇动的，只是对她那柔和的气息感到惊奇。

“修一去看你了吗?”

“是的。不过，要是没有爸爸的电话……”

她是想说“不肯回家”的吧。

话没说完，菊子就离开了银杏树荫。

乔木茂盛、沉重的浓绿仿佛落到菊子纤细的后颈项上。

小湖颇有日本味儿，一个白人士兵把脚搁在小中岛的灯笼上，在调戏娼妓。岸边的长凳上坐着一对年轻人。

信吾跟着菊子，穿过湖泊右边的树林，不觉一惊：“真大啊!”

“爸爸也感到清新畅快吧!”菊子有点得意。

信吾在路边的枇杷树下站定，不想马上走出这块广阔的草地。

“真是一棵好枇杷树呀。没有东西妨碍，连下面的树枝也能随心所欲地生长。”

信吾对树木自由、自然的生长极其感动。“树形好!对了对了，上次来参观狗展的时候，大雪杉排列着，下面的树枝也这样尽情生长，看了心情极佳。那片雪杉在什么方位?”

“靠近新宿的地方。”

“是啊，那时是从新宿那边进来的。”

"刚才您在电话里也说过参观狗展的事。"

"嗯，狗倒不算多，是动物保护会为筹集捐款办的游园会。日本人少，外国人多，都是占领军的家属和外交官吧。那是夏天，把红色薄丝绸和水色薄丝绸一圈圈缠在身上的印度姑娘真是漂亮。还开了一些美国和印度的零售店，那时候这样的东西还很少见。"

那是两三年前的事，可究竟是哪一年，信吾想不起来了。

谈着谈着，信吾离开枇杷树开始走动。

"我们家庭院里樱树下的八角金盘也应该除掉，菊子回去后，帮我记着这件事，别忘了。"

"行。"

"那棵樱树树枝，没经过修剪，我很喜欢。"

"有许多分枝，开许多花……上个月樱花盛开的时候，爸爸和我还谈过佛都七百年祭的寺庙的钟声呢。"

"这事你也记得呀。"

"我一辈子也忘不了，还说听到老鹰的叫声呢！"

菊子跟着信吾，从光叶大榉树下走到宽阔的大草坪上。

信吾的胸襟因宽阔的绿草地而舒展。他眺望着朝新宿方向延伸的绿地说："嗬，多么宽阔呀，真想不到日本的东京还有这样的地方。"

“据说在眺望点上苦心设计，看上去特别深邃。”

“眺望点指什么？”

“指瞭望线吧。草坪的边缘及里面的道路全是缓缓的曲线。”

菊子说，这是学生时代来这儿的时候听老师介绍的，还说散种着乔木的这个大草坪是英国式的园林风景。

在宽阔的大草坪上所看到的人几乎全是结伴的青年男女，有成对躺着的，有坐着的，也有慢慢散步的。五六人一群的女学生和小孩子也有少数。信吾对这样一个幽会的天堂感到吃惊，感到自己来错了地方。

恰如皇室的御苑得到了解放一样，青年男女也得到了解放。

信吾和菊子走进草坪，在幽会者之间穿行。谁也没想看他们俩，信吾尽量避开他们走。

然而，菊子又会怎么想呢？年老的公公和年轻的儿媳一起来公园，仅此一点，就使信吾感到别扭。

菊子在电话里说在新宿的御苑碰头，信吾并不介意，但是来了一看，觉得有些奇异。

草坪中间有一棵特别高的树，它吸引着信吾走去。

抬头仰视那棵大树，越是靠近，耸立的绿树的品格和量感带给信吾的感受便越深。自己与菊子的郁闷被自然地洗去，“爸爸也会感到清新畅快的”，真是太好了。

那是一棵百合树，走近才知道那是三棵树形成的一株，花像百合，又像郁金香，所以也称为郁金香树。树旁立着说明牌，上面写着：原产北美洲，生长迅速，本树树龄约五十年。

“嗬，这么大才五十年哪，比我还年轻嘛！”信吾吃惊地仰视。

阔叶树枝像要把两人抱住藏起来似的伸展着。

信吾坐在长凳上，却无法平静。

信吾又立刻站起身，菊子很意外地望着他。

“到那花的地方去看看。”信吾说。

草坪对面有花坛，在很靠近下垂的百合树枝的高度，白色的鲜花群远远看去十分艳丽。信吾一边走过草坪一边说：“日俄战争凯旋将军的欢迎会就在这个御苑举行的，那时我还不到二十岁，在农村呢。”

花坛两侧有漂亮的行道树，信吾在树之间的长凳上坐了下来。

菊子站在他前面，说：“明天早晨我就回去，您去对妈妈说，请她别说我……”说着，在信吾身旁坐了下来。

“回家之前，若有什么要对我说的话……”

“对爸爸的？想说的事真是太多了。”

## 四

翌日早晨，虽然信吾期待着，但还是在菊子尚未回来时就出了家门。

“她让你别怪她！”信吾对保子一说，保子乐呵呵地答：“怎么会怪她，应该是我们赔礼呀！”

信吾只把打电话给菊子的事说了。

“对菊子来说，父亲的作用很大哟。”保子送信吾到门口，说，“不过，这很好。”

信吾到达公司后不一会儿，英子来了。

“你好，变得漂亮了！还拿了花。”信吾和蔼可亲地相迎。

“一到店里就脱不开身了。所以我在街上闲逛，花店真是漂亮。”

可是，英子很认真地走到信吾桌边，用手指在桌上写道：“请别人回避。”

“怎么？”

信吾一惊，便对夏子说：“你请到别处去一下。”

在夏子走出房间的时候，英子找到了花瓶，把三枝蔷薇花插了进去。她身穿与西服缝纫店女店员相配的连衫裙，似乎有点发胖了。

“昨天真是对不起。”英子郑重其事的口吻怪怪的，“连续两天造访，我……”

“来，坐吧。”

“谢谢。”英子坐在椅子上，低着头。

“今天要让你迟到了。”

“唉，没关系。”英子抬头看着信吾，要哭泣似的憋着气，“我可以说吗？我感到义愤才激动的。”

“怎么？”

“是少夫人的事情。”英子吞吞吐吐的，“她是否做人工流产了？”

信吾没有回答。

英子是怎么知道的呢？修一不至于说吧。但是，英子和修一的情人在同一家店工作，信吾感到极其不安。

“做人工流产倒没什么，可是……”英子又迟疑了。

“谁告诉你这种事的？”

“她去医院的费用，是修一找绢子拿的！”

信吾的心一下子缩紧了。

“太不像话了！这种做法太侮辱女人、太不体谅别人啊。少夫人真可怜，我也难以忍受。修一大概给绢子钱的，也许他要的是自己的钱，但是我很厌恶。他和我们身份不同，那么点钱，修一怎么也出得起的。身份不同，就能这么做吗？”

英子忍着不让那单薄的身体颤抖起来。

“给他钱的绢子也真是的，真叫我搞不懂。我生气、讨厌，即使不跟绢子在同一家店工作也行，我怎么也得把这事来告诉您，尽管我不该告知您这多余的事。”

“不，谢谢。”

“我在这里您待我很好，我虽然只见过少夫人一面，却很喜欢她！”

英子噙着泪水的眼睛闪闪发亮。

“您就让他们分手吧。”

“嗯。”

英子肯定是说绢子的事，但信吾听上去就像是让他同意修一和菊子分手一样。

信吾被推落到这种境地。

信吾为修一的精神麻木和颓废感到震惊，但又觉得自己也在同样的泥潭里蠢动，对阴暗的恐怖感到畏惧。

说了要说的话，英子要告辞了。

“好吧。”信吾无力挽留。

“改日再来拜访，今天不好意思，我不想哭。”

信吾感受到英子的良心和善意。

对于英子和绢子在同一裁缝店工作，信吾曾认为她不考虑别人，为此十分愕然，但修一和自己又是多么不顾他人啊！

信吾茫然地望着英子留下的深红色的蔷薇。

信吾听修一说，菊子出于洁癖，说照修一有情妇的“现在的样子”就不生孩子，可菊子的这一洁癖不是又遭到践踏了吗？

菊子大概不知道这些，这会儿正在回镰仓的婆家吧。信吾不由得闭上了眼睛。

# 伤后

## 一

星期天早晨，信吾用锯子把樱树根部的八角金盘锯掉了。

他心想，不把根全挖出来的话，就无法根除，可又喃喃自语："只要一发芽，剪掉它也行。"

以前也曾铲除过一次，后来反而使它蔓延成这样的一丛。现在信吾却在嫌弃除根的辛劳，也许他没有刨根的力气了。

八角金盘的枝干禁不住锯子锯，可是由于数量太多，信吾额头上冒出汗来。

"我来帮你吧。"修一不知什么时候走近信吾身旁。

"不，不要！"信吾冷淡地说。

修一愣愣地站了一会儿，说："是菊子叫我来的，她说爸爸在锯八角金盘，叫我来帮忙。"

"是吗？不过，还有一小会儿就行了。"

信吾坐在锯倒的八角金盘上，望着自己的家，只见菊子靠着走廊玻璃门站着，系着艳丽的红腰带。

修一拿起信吾膝盖上的锯子问："全部锯掉吧？"

"嗯。"

信吾打量着修一那年轻人特有的动作。

剩下的四五棵八角金盘，很快就倒下了。

"这也锯掉吗？"修一朝信吾回过头。

"这个嘛，请等一等。"信吾说着站起身。

长出了两三棵小樱树，不过像是从大樱树根部长出来的，不是独立的树，可能是分枝。它们从主干的底部长出，好像插上去的小枝条，上面还有叶子。

信吾稍离开一点观看后说："从那块地里长出的东西还是锯掉为好。"

"是吗？"但是，修一没有马上动手去锯那些小樱树，看来他认为信吾的想法没有道理。

菊子也走到庭院里。

修一用锯子指着小樱树，微笑着说："爸爸正在考虑是不是要把它们锯掉。"

"这些还是锯掉的好。"菊子明确地说。

信吾对菊子说："搞不清它们是不是树枝。"

"土里怎么会长出树枝呢？"

"从根上长出的树枝该叫什么呢？"信吾笑了。

修一默默地锯掉了小樱树。

“总之，这棵樱树的树枝全都留下，让它们自由地、自然地、尽情地生长。八角金盘是障碍，所以把它们除掉。”信吾说。

“那主干底部的小树枝请留下来。”菊子看着信吾说，“像筷子和牙签那样可爱的小树枝上开的花，特别小巧玲珑。”

“是吗，开过花了吗？我没有注意。”

“开过了，一根小枝条上开一串，或两三朵……像牙签那样的枝条上，有的只开一朵花。”

“是吗？”

“不过，这样的树枝能长大吗？如此可爱的树枝要长到新宿御苑的枇杷和山桃下的侧枝那么大，我得变成老太婆了。”

“那也不一定，樱树长得快。”信吾边说边看着菊子的脸。他对妻子和修一都未说起与菊子一起去新宿御苑的事。

可是，菊子是否一回镰仓就把此事告诉了修一呢？其实也没有什么可以说的事，菊子看来什么都会说。

倘若修一不便问“你在新宿御苑见过菊子了吧”，那么也许应该由信吾说出来才对。但父子俩谁都不提，好像两人之间存有什么芥蒂，也许修一明明已经从菊子那儿得知此事，却装作什么也不知道的样子。

但是，菊子的脸上没有任何隔阂。

信吾仔细观察着樱树树干上的小枝条。这些柔弱的小树枝在想不到的地方爆出新芽，渐渐长大，如新宿御苑里向四周伸展的树木下枝，信吾在脑海里描绘着这一情景。

盛开的樱花长长地垂伏在地上的景象固然奢华，但从未见过樱树枝会长成那样，也没有樱树根部的树枝向外伸展的先例。

“锯倒的八角金盘放在哪儿呀？”修一问。

“放在哪个角落里都成。”

修一把八角金盘归拢，扶在手臂里拖走了，菊子也拿起了三四棵。

“放着吧，菊子……你还得当心身体。”

修一抚慰她。

菊子点点头站住，把八角金盘就地放下。

信吾走进屋。

“菊子也到院里去做什么呀？”为给孩子睡午觉用而正在改小旧蚊帐的保子摘下老花眼镜说，“星期天两人一起在院子里真是少见。菊子从娘家回来后，他们的关系似乎好了。真奇怪。”

“菊子也很可怜。”信吾自语。

“也不能光这么说。”保子提高嗓门儿，“菊子是笑起来好看的孩子，像刚才这样高兴地笑，不是久违了吗？看到有些消瘦的菊子的笑脸，我也……”

“嗯。”

“近来，修一从公司回家早了，星期天也在家，真是‘不打不相识’啊！”

信吾默默地坐下，修一和菊子一起进屋来。

“爸爸，您视为宝贝的樱树芽被里子摘掉了！”修一边说一边让信吾看手中抓住的小树枝，“里子也去拖八角金盘了，感到很有趣，搞着搞着，就摘去了樱树芽。”

“是吗？这种树条是孩子们要拔的。”信吾说。

菊子站在修一身后，被遮挡住了一半。

## 二

菊子从娘家回来时给信吾带的礼物是日本产的电动剃须刀，给保子带了腰带，为房子带了里子和国子的衣服。

“她给修一带了什么来？”信吾事后问保子。

“带了折伞，还有美国产的梳子，梳套的另一面是镜子……我记得人家说梳子有绝缘的意思，不该送人，可能菊子不知道吧。”

“美国又不兴这一套。”

“菊子自己也买了相同的梳子，颜色不同，稍小一些。

房子见了夸好，她就给了房子。特地买一样和修一相同的东西，对从娘家回来的菊子来说不是只有这可爱的梳子吗？房子再抢去是没道理的，虽然不过是梳子一把，但也太不顾及别人了。”保子感到自己的女儿太没出息，“给里子和国子买的衣服也是上等丝绸的，相当好的出门穿的衣服。虽然没有给房子礼物，可给了两个孩子不就等于给了房子吗！梳子被房子拿走，菊子还觉得什么也没给房子买，不好意思。嗐，我们没有理由叫为那种事回娘家的菊子送礼啊！”

“是啊！”

信吾有同感，但也有保子所不知的忧郁。

菊子为了买礼品，给亲家父母增添麻烦了吧。连菊子人工流产的费用修一也让绢子出，从这一点可以想象修一和菊子都没有购礼品的钱。菊子认定医院的开销都是修一出的，所以向娘家的父母要了买礼品的钱。

信吾后悔已经有很长时间没给过菊子像样的零花钱了。并不是没有意识到，可是，修一夫妇的关系不好，随着菊子和作为公公的自己亲近，信吾反而不便悄悄地给钱了。然而，自己没有站在菊子的立场上看这个问题，这一点或许和强行要走菊子梳子的房子相似。

诚然，菊子是因为修一的浪荡才拮据的，她不可能去向公公要零花钱，可信吾若关心一点的话，她也不会落到用丈夫情妇的钱去堕胎的屈辱地步。

“她不买礼品来，我倒不会难受。”保子一副沉思的模样，“加起来花了不少钱吧。有多少呀？”

“这个嘛。”信吾在进行心算，“电动剃须刀要花多少钱啊，这可估不出来呀！没见到过。”

“是啊。”保子点头，“这要是抽奖的话，你显然是中了头彩。因为是菊子，那就对了。首先，这玩意儿有声音，能开动。”

“刀齿是不动的。”

“在动，不动怎么剃须呀！”

“不，我怎么看它也不动。”

“是吗？”保子默默地笑着，“瞧你像孩子拿到玩具那么高兴，这就说明这绝对地好！每天早晨叽叽呜呜地开响，吃饭的时候一个劲儿地摸下颌，高兴异常，菊子都有点不好意思了。当然她也高兴。”

“也可以借给你呀！”信吾笑道。

保子摇了摇头。

菊子从娘家回来那天，信吾和修一从公司一起回家。这一天傍晚的饭厅里，菊子的礼物电动剃须刀极有魅力。

不打招呼就回娘家的菊子，以及使菊子堕胎的修一，全家见面时尴尬的寒暄，可以说全由电动剃须刀替代了。

房子也立即让里子和国子试穿了童装，并且赞扬了领子和袖口处漂亮的刺绣，一副喜洋洋的表情。信吾则一边看“使用说明”，一边当场试用。

怎么样啊？一家人注视着信吾。

信吾一手握着剃须刀在下巴上移动，一手不放“使用说明”。“上面写着妇女的发际和柔软的毛发也很容易剃去。”说着，他看看菊子的脸。

菊子的鬓角到额头的发际的确美丽，信吾好像还从未注意到这个地方，她的发际呈现出一条微妙而又可爱的线条。

菊子细腻的肌肤和整齐的头发泾渭分明。她的整张脸上缺少血色，而脸颊处反而有点微红，喜悦的眼睛闪着光辉。

“你爸爸得到好玩具了。”保子说。

“这可不是玩具，是文明的利器，是精密的机械。它上面有机器编号，还盖着机检、调试、完成和负责人的图章呢！”

信吾十分高兴，一会儿顺剃，一会儿倒剃。

“说是不会使皮肤粗糙，也不亚于刮刀，还不需要水和肥皂。”菊子说。

“嗯。上年纪的人的皱纹会使刮刀不好使。你也可以用。”信吾要把剃须刀递给保子。

保子害怕地躲开了。“我可没有胡须。”

信吾看看电动剃须刀，然后戴上老花眼镜再看。“这剃刀齿不动，怎么会剃下来呢？马达在转动，剃刀齿却不动。”

“哪里？”修一伸出手，可信吾把剃刀递给了保子。

“真的，剃刀齿好像不动，像吸尘器一样吧，把垃圾都吸了进去。”

“剃下的毛须不知上哪儿去了。”信吾说，菊子低着头笑。

“作为对电动剃须刀的回报，能否给买个吸尘器呢？洗衣机也行，那对菊子是多大的帮助啊！”

“是呀。”信吾回答老妻。

“这样的文明利器我们家一样也没有，电冰箱也是，每年光喊要买，今年已经需要用了。烤面包机也很方便，只要按一下按钮，面包烤好后会自动跳出来。”

“这是老太太的家庭电气化论啊！”

“爸爸光是疼菊子，而没有实际行动。”

信吾拔掉电动剃须刀的电线。在剃须刀的盒子里有两把刷子，一把像小牙刷，另一把像小刷瓶刷。信吾把两把刷子都试用了一下。他用刷瓶刷那样的刷子清除剃刀齿后面的小孔，忽然低头一看，见自己的膝盖上纷纷扬扬地掉下一些极短的白发。他只看到了白发。

信吾悄悄地弹了弹膝头。

## 三

信吾赶紧买了电动吸尘器。

早饭前，菊子用吸尘器的声音和信吾用电动剃须刀的马达声同时响起，信吾总觉得有点滑稽。

然而，这也许是家庭面貌一新的声音。

里子觉得吸尘器很新鲜，跟在菊子后面走。

大概是电动剃须刀的缘故，信吾做了一个胡子的梦。

在梦中，信吾并不是上场人物，而是旁观者。不过因为是梦境，所以上场人物和旁观者的区别不明显，而且还是发生在信吾没去过的美国的事情。后来信吾想，因为菊子买的木梳是美国产的，所以才做美国梦的吧。

在信吾的梦中，美国因州而异，有的州英国人多，有的州西班牙人多，因此各州的胡须各有特色。胡子的颜色和形状有何区别，醒了之后信吾就记不清了，可是在梦中，信吾可以清楚地判定美国各州，也就是各人种胡子的区别。一旦睁开眼，就将这些州名忘记了，却还记得一位在某州集各州、各人种胡须特色于一身的男子。而且，这个人身上各人种的胡子并不是混长在下颌上，而是一部分呈法国型、一部分呈印度型那样，分得清清楚楚，又凑在一起。也就是说，美国各州、各民族不同的胡须束构成这个男子的胡须，它像穗缨一样向下垂挂着。

美国政府指定该男子的胡须为天然纪念品，由于这一指定，他便不得乱剪或修饰自己的胡须。

梦就是这些。信吾见到他的颜色各异的漂亮的胡须，感到就像自己的胡须一样。这位男子的得意和困惑，也有几分成了信吾的。

这个梦几乎没有什么情节，只是梦见长着这种胡子的男人。

这位男子的胡须当然很长。因为信吾每天早晨用电动剃须刀把胡子刮得净光，所以才会反过来梦见任其生长的长胡子吧。胡子被指定为天然纪念品真是奇怪。

这真是一个天真无邪的梦，信吾期待着早晨起床后谈谈。他静听着雨声，不久又睡着了。一会儿，因为一个邪恶的梦，他再次醒来。

信吾在触摸尖尖的垂乳，乳房十分柔软，没有胀起来，是因为那女人不想搭理信吾的手。什么呀，真无聊。这女人没有脸，也没有身子，只有两只乳房浮在空中。这时，信吾才想她是谁，于是这女人变成了修一朋友的妹妹。然而，信吾的良心和刺激感均未被激起。她是一位姑娘的印象很微弱，形象也模模糊糊的。乳房虽像未生过孩子的女人，但是信吾却不认为她是处女。在她的手指上看到纯洁的印记，信吾吃了一惊。这固然不妙，却又不觉得不好意思，还自言自语地说："把她当作一个运动员吧。"

他为这句话感到惊异，于是梦破灭了。

"什么呀，真无聊。"信吾想到，这是森鸥外死时说的话，好像什么时候在报上看到过。

然而，从令人讨厌的梦中醒来，首先想到森鸥外去世时说的话，将它与自己梦中的话联系起来，这大概是信吾的自我遁词吧。

梦中的信吾既没有爱，也没有欢乐，淫猥的梦中甚至没有猥亵的意念，只是地地道道的"什么呀，真无聊"！而且，醒得也乏味。

在梦中，信吾并没有奸污姑娘，也许正要开始奸污，但是，如果因为激动或恐惧而颤抖着实施了奸污，醒来之后，罪恶的生命又会复苏吧。

信吾回想近年来自己所做过的淫秽的梦，对方大都是些粗俗的女人。今天的姑娘也不例外。莫非自己连梦中对奸淫的道德上的苛责也惧怕吗？

信吾回想修一朋友的妹妹，觉得她的胸挺得老高。在菊子嫁来之前，她与修一有过小小的交往。

"啊。"信吾眼睛一亮。

梦中的姑娘不是菊子的化身吗？在梦中，道德的确在起作用，借修一朋友的妹妹这一形象来替代菊子，而且为了掩盖这种违背人伦的事，为了模糊这种指责，还把这个当替身的妹妹变成了比那个姑娘品位更低的女人。

倘若信吾可以随心所欲，信吾的人生可以如愿再造，那么信吾岂不是想爱处女的菊子，也就是与修一结婚之前的菊子吗？

这种内心的想法受到压抑、扭曲，在梦中寒碜地表现出来。难道信吾连在梦中也要对自己隐瞒这一点，欺骗自己吗？

假借在菊子以前与修一谈恋爱的姑娘，而且这姑娘的形象也很朦胧，是不是出于对这女人是菊子的极端恐惧呢？

事后再想起梦的时候，梦中的对象模糊了，梦的情节也模糊了，都记不清楚。他怀疑触摸乳房的手之所以没有快感，是不是因为在即将醒来时，有一种狡猾的东西机敏地起了作用，已经将它从梦中抹去了？

“是梦。胡须被指定为天然纪念品的是梦。梦中的判断是不可相信的。”信吾用手掌擦擦脸。

梦倒是使信吾产生了身体发冷的无聊感。醒来以后，他浑身出汗，很不舒服。

在做了胡须的梦之后，他听到轻轻的雨声，心想下雨了。这场雨刚才正吹打着自己的家，连榻榻米都好像变得湿淋淋的。不过，这像是一场暴风雨停歇后下的雨。

信吾想起四五天之前见过渡边华山[1]的一幅水墨画。

画上画着一只乌鸦停在一棵枯木的顶端，所题俳句为：“梅雨中，逞强乌鸦候黎明。”

读了这一俳句，信吾也懂得了这幅画的意思及华山的心情。

乌鸦在枯木的顶端，忍受着风雨等待天明。画上用淡墨表现狂风暴雨。信吾记不清那枯木的模样，只记得主干很粗，中间折断了。乌鸦的样子倒记得很清楚。不知是因为乌鸦在睡呢还是被雨淋湿了，或许两种原因皆有，乌鸦显得肿胀，嘴很大。上半部的嘴蘸透了墨，显得大而厚实。眼睛睁开着，但好像尚未全醒，睡眼惺忪。但这是双带着愤怒有力的眼睛。乌鸦被画得很大。

信吾只知道华山的贫苦和剖腹自杀，但是他可以理解这幅《风雨晓乌图》反映了华山某一时期的心情。

朋友可能是和着季节，把这幅画挂在壁龛处的。

“相貌很凶的乌鸦啊！”信吾看后说，“令人讨厌。”

---

1　渡边华山（1793—1841），江户末期的南画家，兰学学者。代表作有《鹰见泉石像》《虫鱼帖》等。因撰写责难攘夷的《慎机论》而触犯幕府政府忌讳，后自杀。

"是吗？在战争中，我经常看这乌鸦，心想：活见鬼，该死的乌鸦。不过，也有平静的时候。你说，如果为了华山那样的事就必须剖腹自杀，也许我们早已剖腹好几次了。是时代的缘故啊！"朋友说。

"我们也等待过黎明……"

在风雨交加的今夜，那幅乌鸦图是否还挂在朋友家的客厅里？信吾眼前浮现出了那幅画。他想：我家的老鹰和乌鸦今夜过得如何？

## 四

做了第二个梦以后，信吾再也睡不着了。他在等候天明，却没有华山画上乌鸦那样的意志。他觉得菊子也罢，修一朋友的妹妹也罢，在淫猥的梦中不出现猥亵之心毕竟是可怜的。

这是比任何奸淫都丑恶的，是一种老丑现象吧。

信吾在战争年代已经不和女人发生性关系，以后一直如此。照理说还不到这样的年龄，可是已经习以为常。他受到战争的压抑，尚未夺回生命。思考问题的方法似乎也因为战争而变得狭隘了。

在自己这样的年龄中，这种老人多不多？信吾想问问朋友们，但别人或许会笑他是窝囊废吧。

在梦中爱菊子有什么不好？难道在梦中还要害怕什么、顾忌什么吗？信吾转念又想，即使在现实之中，悄悄地爱菊子也是可以的吧。

可是，他又想起了芜村[1]的俳句：“老者不忘恋，恰似秋阵雨。”信吾的思绪变得越来越悲凉。

因为修一有了情妇，菊子和修一的夫妇关系有了更深的裂痕。菊子堕胎之后，夫妇两人的关系温和平静了。在狂风暴雨的夜晚，菊子比平时对修一更娇情，而修一喝得烂醉回家的夜晚，菊子则比平时更体贴地原谅他。

这是菊子的悲哀，抑或愚蠢呢？

这些事菊子是否自己有所意识呢？也许她并没有这样的感悟，菊子的造化之妙，在生命的波涛中只有纯朴顺从。

菊子以不生孩子的方法来抗议修一，又用回娘家的方法来抗议修一，这反映了她自身不堪忍受的悲哀。然而，只过了两三天她就回来，像是为自己的过错道歉，又像是安抚自己的创伤一样，和修一和好。

从信吾的眼中看去，这算怎么回事？真没意思！但是怎么说这都是好现象。

---

1　即与谢芜村（1716—1783），江户中期的俳人，画家。

信吾甚至感到，绢子的问题最好也别问，待其自然解决为好。

信吾已不限于提出这样的疑问：修一虽是自己的儿子，但菊子是否必须这样和修一结合，他俩就是理想的、命里注定的夫妇吗？

他不想叫醒身旁的保子，便捻亮了枕边的电灯。虽然看不清几点，但是外面好像已经天亮了，寺庙里六时的钟声应该响了。

信吾又想起了新宿御苑的钟声，那是黄昏闭园时的信号。

“像教堂的钟声。”信吾对菊子说。他似乎觉得他们是走在某个西式公园的林荫道上，正要走向教堂。往御苑出口处走去的人们，他们前方好像有个教堂似的。

信吾没睡够就起了床。他仿佛无颜看菊子，与修一一起早早出了家门。

信吾突然问道：“你在战争中杀过人吗？”

“怎么说呢？要是被我机关枪的子弹打中，大概会死的吧。但是，机关枪可以说不是我射的。”修一做出讨厌的表情，扭过头去。

白天雨停了，到了夜间又风雨交加，东京被浓雾笼罩着。

因公司的宴会，信吾去了召妓游乐的酒馆。出来后，他被安排在最后一辆车上去送艺妓。

两个半老徐娘坐在信吾的两旁，三个年轻的艺妓就坐在三人的膝盖上。信吾的手勾到艺妓腰带前将她搂过来，说："这样行！"

"对不起！"艺妓放心地坐在信吾的膝上，她比菊子要小四五岁。

信吾为了记住这名艺妓，乘上电车后，想把她的名字记在记事本上，但是因为一点儿小事，他却忘了做这件事。

# 雨中

## 一

这天早晨，菊子先读了报。

大门上的邮箱因为淋雨而濡湿了，菊子用做饭的煤气边烘干报纸边阅读。

有时早醒的信吾起床去取报纸，拿回来在床上看，但平时取日报是菊子的事。不过，她总是在送走信吾和修一之后再看。

“爸爸，爸爸！”菊子在拉门外轻声叫着。

“什么事？”

“您醒了的话，有点儿事……”

“哪儿不舒服吗？”菊子的声音使信吾这么以为，便立刻起床了。

菊子拿着报纸，站在走廊上。

“怎么啦？”

“报上登了相原的事。”

“相原被警察抓走了？”

“不是。”菊子稍稍往后欠身，把报纸交给信吾，“啊，还是湿的。”

信吾不想接地伸出一只手，湿报纸一下子垂落下去。菊子用手掌托住又拿起来。

“看也看不清呀！相原他怎么了？”

“情死了！”

“情死？死了吗？”

“性命可望保住，报上这么写着。”

“是吗？你等等。”信吾放下报纸想走，马上又问，“房子在家睡着吧？”

“是的。”

昨天深夜确确实实在家里和两个孩子一起睡觉的房子，不可能和相原去情死，也不该出现在今天早晨的报纸上。

信吾望着厕所窗口的狂风暴雨，努力使自己平静下来。从山脚下垂着的长长的芒草叶上，雨珠不停地快速流动着。

“下得好大呀，哪像梅雨。”

信吾对菊子说着，坐到饭厅里，手里拿着报纸。在看之前，老花眼镜滑落到鼻尖处。他咂了咂嘴，摘下眼镜，在鼻梁和眼眶处胡乱地擦了擦，有种黏滑的讨厌感觉。

在读那一则短小报道的时候，眼镜再一次滑落下来。

相原是在伊豆的莲如寺温泉情死的。死亡的女方，好像是一位二十五六岁的女招待，身份不明。男的是长期服用毒品者，性命可望保住。他常用毒品，没有遗书，有假装自杀的嫌疑。

信吾抓住滑落到鼻尖上的眼镜，真想摔掉它。

搞不清他是为相原情死恼火，还是为眼镜滑落焦急。

他用手掌胡乱地搓着脸，朝盥洗室走去。

报纸上说相原在住宿登记上的地址是横滨，并未写上他妻子房子的名字。

从报道上看，相原与信吾一家无关。

说横滨，那是胡说八道，也许相原没有固定的住址。再说，房子可能已经不是相原的妻子了。

信吾先洗了脸，再刷了牙。他老是无法摆脱房子现在还是不是相原妻子的这一思索，为此烦恼，为此迷惘，这不过是信吾优柔和伤感的缘故吧。

“这是由时间解决的问题吧。”信吾喃喃自语。在信吾久拖此事的时候，终于由时间为他解决了。

然而，在相原落到这种地步之前，难道信吾就没有帮助他的办法吗？

此外，他也闹不清究竟是房子把相原逼至毁灭的境地呢，还是相原将房子引向不幸。他俩既有逼对方到毁灭和不幸境地的性格，又有因对方而陷入毁灭和不幸境遇的脾气。

信吾回到饭厅，边喝热茶边说：“菊子，五六天前相原通过邮局寄来离婚登记书的事，你知道吧。”

“是的，爸爸好像发了火……”

“是啊，是光火。房子也说，简直是侮辱人。可是，那也许是相原死之前的后事料理。相原是准备好自杀的，不是假装的。女方倒好像是陪他去死的。”

菊子皱起美丽的眉毛，沉默着。她身穿竖条纹的铭仙绸和服。

“你去叫修一起来！”信吾说。

望着菊子离去的背影，信吾觉得她的个子高了，也许是穿和服的关系。

“听说相原自杀了？”修一问信吾，随后拿起了报纸，“姐姐的离婚登记寄出了吧？”

“不，还没有。”

“怎么还没有？”修一抬起头说，“为什么不寄？今天赶快寄出也行！万一相原没救，再交离婚登记不等于是和死人申请离婚吗？”

“可是，那两个孩子的户籍怎么办？相原也不来说说孩子的问题，小孩子怎么会有选择户籍的能力？”

房子盖过图章的离婚登记书还在信吾的包里，跟随着信吾往返于公司和家之间。

信吾常常让人给相原的母亲送点钱去，他一直在想，是否让这个人把离婚登记也送到区政府，却一天天地拖了下来。

“孩子到了我们家，又没办法。”修一随意地说。

“警察会到我们家来吧？”

“来干什么？”

“什么相原的担保人之类的。”

“不会来吧。正因为不想让这些事发生，相原才寄来离婚登记书的。”

纸槅门被粗暴地打开，房子穿着睡衣跑了出来。她并没仔细地看报纸，而是用力撕碎报纸乱扔。撕报纸的劲儿太大，可扔不远。她像摔倒在地似的把报纸推开。

“菊子，去把那边的槅门关上。”信吾说。

透过房子打开的拉门，可以看到里面两个孩子睡着的身影。

房子颤抖着双手，又开始撕报纸。

修一和菊子都一声不响。

“房子，你想去接相原吗？”信吾问。

“不！”房子一只胳膊撑在地席上，突然转过身，横眉竖目地瞪着父亲。

“爸爸，你把自己的女儿当作什么？真窝囊！自己的女儿落到这步田地，你不生气吗？做父亲的可以去接，去丢丑。给我那种男人的究竟是谁？”

菊子朝厨房走去。

信吾是顺口说出突然想到的话的。现在，他一直在想，这种时候让房子去接相原，让已经分离的两个人再结合，两人的一切再重新开始，这样可能吗？

## 二

相原生也罢，死也罢，报上此后再未报道。

在区政府受理离婚登记书的时候，相原的户籍上并未写着他已故。

然而，他就算已死，是否会被当作身份不明的人而落葬呢？也不可能。他还有腿脚不好的母亲在，即使他母亲没看到报纸，那相原的亲友中总有人会发现的吧。多半相原已经得救，信吾想着。

然而，收留相原的两个孩子，这大概就不是光凭想象就可以对付过去的事情。即便修一认了，可信吾还得惦记着。

事实上，现在两个外孙女成了信吾的负担，有朝一日会成为修一的负担。对此，修一似乎还未想过。

养育的负担姑且不说，房子和外孙女们今后的幸福好像已丧失了大半，可这也是信吾的责任吗？

在提交离婚登记书的时候，信吾还想到了与相原情死的女子。一个女人确实死了，她的生死又算怎么回事呢？

“变成鬼出来吧！”信吾自言自语，又为之惊愕，“这可真是荒唐的一生啊！”

如果房子和相原平平安安地生活，那个女人本来是不会去情死的，所以信吾也不能说这不是一种间接的杀人。有了这种想法，是不是就不会产生悼念那女人的慈悲心呢？

可是，信吾怎么也想不出那女人的样子，反倒忽然想象起了菊子婴孩的模样。照理早期堕胎的孩子模样是不可能想象的，但信吾还是想到了可爱婴儿的类型。

这个孩子没生下来也算信吾间接杀人吗？

每天都是连老花眼镜也黏滑潮湿的令人嫌恶的日子，信吾觉得右胸郁沉沉的。

梅雨季节一放晴，阳光就会骤然毒辣起来。

“去年夏天，开的是向日葵花，今年那种叫什么花呀，好像西方的菊花，开的是白花。像是说好的一样，四五家并排种同一种花，真是有趣。去年是清一色的向日葵。”信吾边穿长裤边说。

菊子拿来外衣，站在他跟前。

“葵花去年不是被狂风刮得折断了吗?”

“大概是的。菊子，近来你个子长高了嘛。”

“是的，长高了。到这儿来之后，身体一点点地长高，最近长得很快，连修一也吃惊得哟!”

“什么时候……”

菊子顿时红了脸，绕到信吾身后，为他穿外衣。

“我总觉得你在长，不完全是穿和服的关系。你嫁来之后已过了几年，却还能长个儿，太好了。”

“这是因为发育晚，没长够。”

“哪里！这很可爱。”说着，信吾想到她确实娇嫩可爱。菊子长得是否连修一拥抱她时也能感觉到呢?

他还觉得，那个已经失去的孩子的生命还在菊子的身体里生长。信吾走出家门。

里子蹲在路边，看附近邻居家的小姑娘玩过家家。她们把鲍鱼的贝壳和八角金盘的叶子当作盛器，把草切得整整齐齐地装在里面。信吾很感兴趣地停下了脚步。

大丽花和雏菊花也被切碎后放在里面，作为配色。地上铺着草席，那雏菊的影子在草席上十分显眼。

“对了，是雏菊!”信吾想起来了。取代去年的向日葵，三四户人家一起种的就是雏菊。

里子年纪还小，小伙伴们没让她参加。

信吾一走，里子叫声“外公”，跟着追来。信吾牵着里子的手，一直走到马路的拐角处。里子跑着回去时，她的身影中充满了夏意。

在公司的办公室里，夏子伸出白白的手臂在擦玻璃窗。

信吾轻声问道：“你看了今天早晨的报纸吗？”

“什么？”夏子迟钝地回答。

“说报纸，但什么报就记不清了，说是……”

“您说报纸啊。”

“不记得在哪张报纸上看到的，哈佛大学和波士顿大学的社会科学人员向一千名女秘书发出问卷调查，问你最高兴的事是什么。结果，她们异口同声地回答，旁边有人在的时候受到表扬。女孩子，不论国内外、东西方都一样呵！你怎么样？”

“是吗，不难为情吗？”

“难为情和高兴，多数场合是一回事。有男人求爱的时候，不也是吗？”

夏子低着头，不作回答。信吾觉得她是当今很少见的姑娘。

“谷崎就是这种类型的姑娘。我应该在别人面前更多地表扬她才对。”

“刚才谷崎小姐来过了，八点半左右。”夏子生硬地说。

“是吗，说什么了？”

“说中午再来。”

信吾有种不吉利的预感。他没去吃午饭，一直等候着。

英子打开门，站在门口。她哭丧着脸，屏着呼吸，看着信吾。

“你好，今天不带花来了？”信吾掩饰着自己的担忧。

英子一本正经地走过来，像是在责备信吾的不正经。

“又得让别人回避吗？”其实夏子因午休外出，房间里只有信吾一人。

听到英子说修一的情妇怀孕了，信吾大吃一惊。

“我对他说，你可不能生下这孩子。”英子的薄嘴唇颤抖着说，“昨天我回店里时对绢子这样说了。”

“嗯。”

“可你说，这样是不是太不像话了？”

信吾阴沉着脸，无法回答。

英子是联想到菊子的事才这样说的。

修一的妻子菊子和情妇绢子先后怀孕。信吾从未想过，社会上会有的事也发生在自己儿子的身上，而且菊子已经堕了胎。

## 三

“你帮我去看看修一在吗，如果在就叫他来一下……”

“是。”英子拿出小镜子，有些犹豫地说，“我的脸色不正常，不好意思，再说，这样绢子也会知道是我来告诉的吧。”

“啊，这倒也是。”

“现在工作的店，为这件事辞掉也没关系……”

“不用。”

信吾用桌上的电话询问。他不愿意现在在有其他公司职员在的房间与修一见面。修一不在办公室。

信吾邀英子去附近的西餐店，他们走出了公司。

小个子的英子凑过来，抬头看着信吾的脸色，轻声问：“我在您办公室工作的时候，您带我去跳过一次舞，还记得吗？”

“嗯，头上缠着白缎带。”

“不对。”英子摇着头，“用白缎带扎头发是暴风雨的第二天。那天，我第一次说了绢子的事，为难极了。所以我记得很清楚。”

“是吗？”信吾想起当时英子对他说过绢子沙哑的声音很性感，“是去年九月的事吧，那以后，为修一的事，你也没少担心啊。”

信吾出门时没戴帽子，头上的太阳热辣辣的。

“我没起到任何作用。”

“应该说是我没起到作用，真是可耻的一家呀。”

“我很尊敬您呀。自从辞去公司的工作后，我更怀念了。”英子用奇妙的语调说着，之后停了停又说：“我对绢子说：你不该生这孩子。绢子摆出一副很傲慢的样子说：这事你不懂，你这种人什么也不懂，别多管闲事了。最后还说这是她自己肚子里的事……”

“哼。”

“她还说：你受谁的委托来讲这怪话？让我和修一分手，要是修一与我分手我也没办法，可孩子是我生的，谁也无法干涉。生了之后是好是坏，你就问问我肚子里的孩子吧，你问问看吧！绢子是看我年轻，在嘲弄我呀，可她还说请我别戏弄别人。绢子大概想生下这个孩子。事后再一细想，发现她与战死的前夫没生过孩子。”

“嗯。”

信吾边走边点头。

“我很生气才这样说的。也许她不会生。”

“有多大了。”

“四个月。我并没有发现，而是店里其他人知道了……

听说店老板了解情况后也劝告她还是不生的好。绢子能干，若不得不辞职也很可惜吧。”

英子一只手捂着脸颊又说：“我可不懂，所以来告诉您，请你和修一先生商量……”

“嗯。”

“您去见绢子吗？我想还是早一点见好。”

信吾也在考虑，被英子先说了。

“她和上次来公司的那个女人还在一起生活吗？”

“是池田。”

“对了，她们俩谁年长些？”

“我想绢子要小两三岁吧。”

饭后，英子随信吾来到公司门口，哭丧着脸强作微笑。“告辞了。”

“谢谢。你现在回店去吗？”

“嗯。近来绢子回家早了，六点半之前在店里。”

“总不见得上店里去找她吧。”

英子仿佛在催促他今天就去见绢子，但是信吾很抑郁。

回到镰仓的家中，又要不忍见菊子的面了。

看来菊子是因为修一有情妇，出于对怀上孩子感到窝心的洁癖才不生孩子的，不过她肯定做梦也没想到那个女人已经怀孕了。

她动手术被信吾知道以后，回娘家两三天再返家，与修一的关系看上去变得和睦了，修一每天都早回家抚慰菊子，但是这究竟说明了什么？

善意的解释是，或许修一也被一定要生下孩子的绢子弄得烦恼，因而疏远绢子，并向菊子致歉吧。

然而，一种可恨的颓丧和不道德的味道充斥在信吾的脑中。

这到底是从什么地方冒出来的？他觉得连胎儿的生命也成了妖魔。

“要是生出来，就是孙子吧。”信吾自言自语。

# 蚊群

## 一

信吾在本乡路的大学一侧走了一段路。他是在商店一侧下的车，绢子家的小路理应从那一侧进去，可是他故意穿过电车路跑到了对面。

要去儿子的情妇家，信吾感到极不舒服，颇为踌躇。初次见面，自己能够提出要对方终止妊娠、不生孩子的要求吗？

“这不又是杀人吗？可别玷污老人的手！”信吾喃喃自语，“可是，一切解决方法都是残酷的。”

解决问题应该由儿子来，而不该由家长出场。信吾并没有对修一说这件事，就要到绢子那儿去谈谈。这好像是不相信修一的证明。

信吾惊异：是什么时候起他与儿子之间产生了如此无法想象的隔阂的？到绢子那儿去，与其说是为修一解决问题，毋宁说是怜悯菊子，为菊子感到激愤。

大学的林木只有树梢部分还留有强烈的夕阳，人行道是阴凉的。穿着白衬衫和白裤子的男生在校内的草地上与女生坐在一起，一派梅雨季节中晴天才有的景象。

信吾的手撑着脸颊，酒已经醒了。

因为绢子正在裁剪店上班，信吾便邀了其他公司的朋友去西餐馆吃晚饭。对方是很久未见的朋友，便很随意地喝了酒。在上二楼的食堂之前就在楼下的酒馆喝起来，信吾也陪着喝了一点，饭后又到酒馆坐了坐。

“怎么搞的，就要回家？”朋友吃惊地问。他好像觉得久违之后有许多话要说，还往筑地的什么地方打了电话。

信吾说要去见一个人，需要一小时左右，便离开了酒馆。朋友把写着筑地的家庭地址和电话的名片交给信吾，但信吾并不打算去。

他沿着大学的围墙边走边寻找对面小路的入口，虽只是隐隐约约地记得，却没有搞错。

走进那个黑暗的朝北大门，见到一只很差的木屐箱上放着一盆外国花的花盆，还挂着一把妇女用的雨伞。

一个围着围裙的女人从厨房里走出来。

“您好。”她表情死板，解下围裙。她身穿藏青色的裙子，光着脚。

“是池田小姐吧？上次您到我公司来过……”信吾说。

“是啊，当时是英子拉我去的，失礼了。”

池田一只手握着揉成一团的围裙，跪在地上望着信吾，好像在问有什么事。她的眼眶处有雀斑，也许是没上粉的缘故，雀斑非常显眼。细细的鼻梁笔直，单眼皮显得寂寞，肤色白皙，相貌姣好。

那新衬衫大概还是绢子缝制的吧。

“今天我来是想见见绢子。”信吾恳求似的说。

“是吗？她还没回来，不过快了。请进来吧。”

厨房里飘来煮鱼的香味。

信吾本想等绢子回来吃完晚饭后再来，但在池田的邀请下，他来到了客厅里。

有壁龛的八铺席大的房间里堆放着许多时装样本，外国流行杂志也颇多。杂志边上还有两只法国人偶。装饰性很强的服装颜色和陈旧的墙壁很不谐调。缝纫机上还垂荡着刚开始缝制的衣裳，那艳丽的花纹使榻榻米看上去更显肮脏了。

缝纫机的左边放了一张小桌子，上面有小学的教科书，还摆着小男孩的照片。

缝纫机和桌子之间有个梳妆台，在后面的壁橱前还立着一面镜子，十分显眼。或许是绢子做好衣服后自己试穿时用的，也有可能是搞副业供来客试样时用的。镜子旁边是一个很大的熨衣台。

池田从厨房里拿来了橘子水。她发现信吾在看孩子照片，就坦率地说："是我的孩子。"

"是吗？上学了吗？"

"不，孩子不在这儿，留在丈夫家了。那些书嘛……我不像绢子活儿多，就做做家庭教师，教六七家。"

"是吗？要是这些都是一个孩子的教科书，就太多了。"

"嗯，因为有不同年级的孩子……和战前的小学有很大的区别，我也教不好，不过和孩子在一起学习，就好像和自己的孩子在一起……"

信吾只能点头，对于战争寡妇，他无话可说。

"您是怎么知道这儿的？"池田说，"是修一先生说的吗？"

"不，以前曾来过一次，但是没有进屋，是去年秋天吧。"

"噢，是去年秋天？"池田抬头看了看信吾，马上又低下头去。少许沉默后，她扔出一句话："最近，修一先生不来了。"

信吾在思考是否能跟池田讲今天来访的原因。

"听说绢子有了孩子。"

池田突然耸动肩胛，把目光移到自己孩子的照片上。

"她打算生下这孩子吗？"

"这件事请您直接问绢子。"

"说来也是。但这样母亲和孩子都会不幸的。"

“无论是否有孩子，要说不幸的话，绢子是不幸的。”

“不过，您也曾主张她与修一分手的吧。”

“是的，我也那么认为……”池田说，“绢子很了不起，并不是人家一说就听的。我和绢子虽然性格大不相同，但是很合得来。自从在寡妇会上认识以后，通过共同生活，她给了我很多支持。我们俩都离开了丈夫家，也不回娘家，算是自由之身吧。我们说好要自由地思考，我们都有丈夫的照片，却把照片放在箱子里。当然，孩子的照片放出来了……绢子读了许多美国杂志，还查了法文辞典。因为搞的是裁剪，她说，只要懂一点语言，心中就有数了。接下来，她可能要有自己的裁缝店了。我们都说，只要可能就再婚，可是，我真不知道她为什么老是和修一先生来往。”

门开了，池田立刻跑出去，信吾也听到了她的声音。

“回来了？尾形先生的父亲来了。”

“来见我的？”绢子用沙哑的声音问。

## 二

厨房里响起自来水的声音，像是绢子到那儿喝水了。

“池田，你也过来吧。”绢子一边走过来，一边回头说。

她穿着漂亮的套服，可能因为个子大，信吾看不出她怀孕了。她的嘴唇缩得小小的，信吾无法想象那沙哑的声音是出自这张嘴巴。

客厅里也有梳妆台，绢子好像是用小粉盒整了整面容后才过来的。

信吾得到的第一印象并不坏。绢子那稍见平板的圆脸上看不出他听了池田的介绍后可以想象的坚强意志，她的手也胖乎乎的。

“我是尾形。”信吾说。

绢子没有回答。

池田也过来了，在小桌前面对着信吾坐下来。“他已经等了一阵了。”绢子依然不吱声。

绢子明朗的脸或许是不明显表露反感和困惑的缘故，看上去倒是一副懊丧相。信吾想起修一在这儿烂醉时，让池田唱歌，结果绢子哭起来的往事。

绢子从闷热的街上急急赶回，脸上发烧，可以看到她隆起的胸脯在喘息。

信吾只能和蔼地开口说：“我来见你很奇怪，不过，还是必须见你……我要说的你大概可以想象得到。”

绢子依然不回答。

“当然，是修一的事。”

“若是修一的事，我没什么好说的。您是要我道歉吗？”

绢子突然提高嗓门儿顶撞道。

“不，应该是我道歉的。”

“我和修一已经分手了，再也不会给你们家添麻烦了！”她又看了看池田说，“这样行了吧，你说呢？”

信吾吞吞吐吐的，可还是说了出来：“还有孩子的问题呢。”

绢子变了脸色，但还是鼓足劲儿说：“您说什么呀？我不明白。”她声音放低后更显沙哑了。

“很对不起，你不是怀了孩子吗？”

“这种问题难道我必须回答吗？一个女人想要孩子，旁人为何要加以妨碍？男人能懂吗？”

绢子说得很快，已经眼泪汪汪了。

“你说旁人？可我是修一的父亲，你的孩子也理应有个父亲吧。”

“没有。战争寡妇已下定决心生个私生子。我没有任何所求，只请您允许我生下孩子。您发发慈悲，请予容忍。孩子在我身上，是属于我的！”

“那倒是。不过，今后你结了婚，还会有孩子的……现在可以不生这不自然的孩子。”

“什么不自然呀？”

“别……”

“我现在不能肯定将来一定会结婚，再说结了婚也不能肯定有孩子。您能做上帝的预言吗？过去，我就没有孩子。”

“与孩子父亲的关系，今后会使孩子和你痛苦的。”

“战死的人留下许许多多的孩子，他们一直使母亲们感到痛苦。您可以把他当作战争中修一去南方留下的混血儿嘛。男人们早就遗忘的孩子由女人在抚育！”

“我是在说修一孩子的事。”

“只要不让府上照顾，就行了吧。我发誓，绝对不让您为难。和修一也分了手。”

“不见得吧。孩子的将来长远，父子的缘分是切不断的。”

“不，不是修一的孩子。”

“我想你也知道修一的媳妇不生孩子的事吧。”

“他太太要生多少就能生多少，不生的话是会后悔的。奢侈的太太是不会理解我的心情的。”

“你也不明白菊子的心情。”信吾终于道出了菊子的名字。

“是修一叫您来的吗？”绢子质问似的说，“修一说叫我别生，他打我、踩我、踢我，想带我到医生那儿，把我从二楼拖下来，这些暴力行为或装模作样的行为是修一对他太太所尽的情分吗？”

信吾一脸的尴尬。

“是吧，太不像话了！”绢子回过头对池田说。

池田点头，对信吾说：“绢子把多余的服装料子都做成了孩子尿布之类的东西，现在就攒着呢！”

“被他踢过以后，我担心孩子，后来去医生处看过。”绢子继续说，“我对修一说过，我怀的不是他的孩子！不是他的孩子！所以我们就分手了，他不来了。”

“这么说，这孩子是别人的……”

“是的，您可以这样理解。”

绢子抬起了头。她从刚才起就一直在流泪，现在新的泪水又顺着脸颊潸然而下。

信吾束手无策。绢子看上去很美，细瞧她的五官，虽然并非最佳，给人的直观印象却是个美人。

然而，绢子这个女人外表柔美，对信吾却寸步不让。

## 三

信吾沮丧地走出绢子的家门。

绢子接受了信吾拿出的支票。

“你要是和修一先生分手了，还是收下的好。”池田说得坦率，绢子也首肯。

“是吗？是赡养费吧。我是领赡养费的身份了。给您写张收据吧。”

信吾叫了出租车。他难以判断，是她和修一和好、终止妊娠好呢，还是两人就此绝缘好。

绢子对修一的态度也罢，对信吾的来访也罢，都相当反感，情绪激动，但这个女人希望得到孩子的悲切愿望似乎也相当强烈。

再让修一靠近她是危险的，但就这样撒手不管的话，孩子就会出生。

如果确如绢子所说，那孩子是她与别的男人的当然好，但这一点修一也没弄明白。绢子是意气用事才这么说的，修一就简单地相信了。事后没有纠纷的话，倒也天下太平，但是这个生下的孩子却依然存在，即使在自己死后，没见过面的孙子依然还会活着。

“这算怎么回事呢？”信吾自言自语。

相原成为情死的一分子后，信吾急急忙忙地提交了离婚登记书，但形式上是他收留了女儿和两个外孙女。就算修一与他的情妇分了手，可他的孩子不还是在什么地方存活着吗？这两件事不都是没彻底解决而敷衍一时吗？

自己对谁的幸福都起不了作用。

自己与绢子交谈时措辞是如此拙劣，现在信吾连想都不愿去想。

信吾打算从东京站回家，但看到口袋里朋友的名片，便让车开到筑地。

他想对朋友说说这件事，但是朋友和两个艺妓喝得醉醺醺的，没法交谈。

信吾想起上次宴会回家的车上坐在膝头的那位年轻艺妓。那艺妓一来，朋友就一个劲儿地说些诸如不可轻视呀、有眼力之类的无聊话。长相还记不清楚却能记得她的名字，这对信吾来说可谓相当出色的成绩。那是一位可爱又高雅的艺妓。

信吾和那艺妓去了小房间。信吾什么也没干。

艺妓在不知不觉中把脸温柔地贴在信吾的胸前，信吾以为她是在献媚，其实她好像睡着了。

“是睡着了吗?”信吾看了看，但她依偎着，看不到脸部。

信吾微笑了，这个把头靠在他胸前香甜入睡的姑娘，让信吾感到了温暖和宽慰。她比菊子小上四五岁，还不满二十岁吧。

或许这正是娼妓的可悲、可怜之处。然而，有这样一位年轻姑娘在他胸前入睡，这种温馨的幸福让信吾感到了平静。

他想，幸福这东西，就是这样在刹那间出现的短暂的东西吧。他迷迷糊糊地思忖，在性生活方面也存在着贫富、运气之差吧。不过，信吾还是决定悄悄地离开，坐末班电车回家。

保子和菊子都没睡，在饭厅里等着。时间已是深夜一点多了。

信吾避着不去看菊子的脸。“修一呢？”

“先去休息了。”

“是吗？房子也睡了？”

“嗯。”菊子收拾起信吾的西服，“今天到夜里天一直很好，可现在又阴了。”

“是吗？我没注意。”

菊子站起来时，信吾的西服掉落下去，她再次抚平西裤的裤线。

菊子可能上过美容院了，信吾注意到她剪短了头发。

听着保子熟睡后的鼾声，信吾艰难入睡，但马上又做起梦来。

信吾成了一名年轻的陆军军官，身穿军服，腰间挂着军刀，还别了三支手枪。军刀是修一出征时给他带去的祖传物品。

信吾走在夜间的山路上，带着一名樵夫。

“夜路危险，我很少走，请靠右边走，安全些。”樵夫说。

信吾靠向路右侧，感到不放心，便打开手电。这个手电筒周围镶满了钻石，闪闪发光，比普通手电亮。路一照亮，便有黑色的东西堵在眼前，是两三棵大杉树重叠在一起，但再仔细一看，原来是蚊群。蚊群呈大树模样聚在一起。信吾思考着该怎么办。杀出去！信吾拔出日本军刀，朝着蚊群一阵猛砍猛杀。

他突然回头，见那樵夫连滚带爬地在逃命。信吾的军服上到处冒出火来。奇怪的是，这时信吾变成了两个人，另一个信吾看着军装冒火的信吾。火从袖口、肩胛线、军服边上悄悄地蹿出又消失了。它没有燃烧，只是像少量的炭火那样，噼噼啪啪发出爆裂声。

信吾好歹回到了自己家中，像是孩提时代的信州农村老家，他看到了保子那美丽的姐姐。信吾虽然很累，却一点儿也不痒。

逃命的樵夫终于也赶到信吾家，一到就昏倒了。

从樵夫身上取下的大水桶里装满了蚊子，不知是怎样抓到的。信吾清清楚楚地看到铅桶里装满了蚊子，然后醒来。

“蚊帐里尽是蚊子呀！”他想侧耳静听，但头脑昏沉沉的，一片浑浊。

下雨了。

# 蛇蛋

## 一

入秋时，或许是夏季劳累的缘故，信吾有时在回家的电车上打起了瞌睡。

上下班时的横须贺线每隔十五分钟一班，二等车厢并不是很拥挤。

信吾现在还是似醒非醒，有点昏昏然的头脑里，浮现出街边的洋槐树。这些成排的洋槐树都开了花。经过的时候，信吾会想东京街道两旁的洋槐树是否都开花了？从九段下到皇宫护城河畔方向去的路上，八月中旬时，有一天下着小雨，路旁只有一棵洋槐树的柏油路上，铺满了落花。信吾想：这是为什么呢？他特意回过头去看，印象很深，那是微带绿色的淡黄小花。即使没有任何一棵树落花，洋槐街树开花这一事实已留在信吾的印象之中。这是信吾去医院探望患肝癌的朋友时，在回家的路上看到的。

虽说是朋友，可平时并无交往，只是大学的同级生。这位同学看上去已相当衰弱，病房里只有陪伴的护士在。

信吾不知道朋友的妻子是否健在。

“你要见宫本吗？不见的话也请给他打个电话，帮我要点那个。”朋友说。

“哪个？”

“就是正月同窗会时提到的那东西。”

信吾想到，那是指氰化钾。如此看来，这位朋友已经知道自己的病是癌症了。

年过六旬的信吾和他们聚会时，衰老后的身体障碍和不治之症很容易成为特别的话题。因为宫本的工厂里使用氰化钾，所以不知谁提出，万一得了不治之症，就问他要毒药。久拖凄惨的病痛是悲哀的。这想法的另一个理由是，一旦被宣布死亡，那么自己想要拥有选择死亡时间的自由。

“不过，那是喝了酒之后兴奋时说的话。”信吾的回答不爽快了。

“我不用，不用的！只想有当时所说的自由。只要有了它，无论何时，它都可以成为忍受今后痛苦的力量。你说呢？我最后的自由、唯一的反抗就只靠它了。不过，我可以保证不会用！”

朋友在说话的时候，眼睛里闪出几分亮光。护士在用白毛线编织毛衣，什么也不说。

信吾没去问宫本要，就这样听过算了，可是他只要一想起肯定会死的病人还在期待着时就感到厌烦。

从医院回家，来到开了花的洋槐行道树处，信吾才松了口气。然而，现在在打瞌睡的时候，他又想起那些洋槐行道树，是不是说明那病人的事不肯从记忆里消失？

信吾睡着之后，又突然醒来，发现电车停下了。不是停在站上。

这趟车停下后，旁边路轨上奔驶的电车声显得很响，信吾大概是被这响声弄醒的吧。

信吾所乘的电车开开停停。

一群孩子从一条小路上朝电车奔来。

有的乘客从车窗探出头去看前方。

左侧车窗可以看到工厂的混凝土墙壁。墙壁和轨道之间有条污水淤塞的小沟，恶臭味传到了电车车厢里。

右侧车窗可以看到孩子们走来的那条小路。一条狗把鼻子拱在路边的青草里，久久不动。

小路在铁路线边到了尽头，这里有钉着旧木板的两三间小屋。从小屋正方形洞穴般的窗户里，一个白痴姑娘正朝着电车招手，手势缓慢而无力。

“十五分钟前发车的电车在鹤见车站出了事故，所以现在停车了，让大家久等了。”列车员说。

信吾前面的外国人摇醒同行的青年，用英语问：“他在说些什么？”

青年的双手抱着外国人一只粗大的胳膊，把脸颊贴在外国人的肩头睡觉，睁开眼来还是那个姿势，撒娇似的抬眼看着外国人。他睡眼惺忪，眼睛微微发红，眼皮凹陷，头发染成了红色，但是发根处已变黑，成了茶色的肮脏的头发，只是顶端部分红得奇妙。信吾琢磨，他可能是以外国人为对象的男娼。

青年把外国人放在膝盖上的手掌向上翻过来，再把自己的手合在上面，柔情地握住，活像一个深感满足的女人。

外国人穿的是无袖衬衫，到肩胛的手臂上露出棕熊一样的毛。那青年个子并不很小，但因为外国人个头高大，所以看上去像个小孩子。外国人肚子凸出，脖子粗壮，连转动都嫌麻烦，对青年的依偎毫不在意。他长相可怕，血色极好，相比之下，那青年土色的脸更显疲倦了。

信吾搞不清这外国人的年龄，但从他那大秃头、咽喉处的皱纹和裸露手臂上的老人斑推想，外国人的年龄应和自己相仿。他感到这外国人跑到别的国家，让那个国家的青年跟随左右，简直像个巨大的怪兽。那青年身穿暗胭脂色的衬衫，从没扣纽扣的领口看去，可发现他的肋骨。

信吾觉得这青年不久就会死去，便把目光移向别处。

臭水沟里满是茂盛的绿艾蒿。电车还是停在原地。

## 二

信吾讨厌蚊帐的沉闷，已不再挂它了。

保子每晚抱怨，不时地故意地拍打蚊子。

“修一还挂着呢！”

“那你到修一那儿去睡不就得了。”信吾望着拆除了蚊帐后的天花板。

“修一那儿没法去，明天晚上起，我就去房子那儿睡。”

“是的，正好抱一个外孙女睡。”

“里子下面有妹妹，却说什么都要缠着母亲。里子是否有异常呢？常常露出奇怪的眼神。”

信吾不作回答。

“是不是父亲不在，就会变成那样？”

“你对她更亲近些，也许会好。”

“我喜欢国子。”保子说，“你才应该亲近她。”

“那以后，相原是死是活，怎么也不来报一声啊！”

“你已经提交了离婚登记书，就得了吧。”

“行了，结束了吧。”

“是真的。不过，就算他还活着，你也不知道他在哪儿呀……唉，想到婚姻失败也就认了，可已经生了两个孩子再分手，难道就这样了？要是这样，我觉得结婚真是没有一点儿指望呀。”

“即使婚姻失败，似乎也该多留下一点感情。房子也不好，相原处世失败，尝到了很大的痛苦，房子也不太温柔、体贴吧。”

“男人自暴自弃，女人有时无法对付，也无法靠近。被他抛弃后若一直忍受，那房子只有和孩子们一起寻死这一条路了。男人走投无路还要和别的女人一起去死，也许就不是不管的问题了。”保子说，“修一现在看上去还好，但不知何时会怎样，这次的事情使菊子也深受打击吧。”

“孩子的事情吧？”

信吾的话里有双重意思：菊子不生孩子与绢子要生孩子，后一件事保子还不知道。

绢子顶撞说怀的不是修一的孩子，自己要生可不受信吾的干涉。尽管信吾不知道那是不是修一的孩子，但他只能认为绢子是故意那么说的。

“也许我真的该睡到修一他们的蚊帐里去，他和菊子两人不知道又在商量什么可怕的事。危险呀……”

“商量什么可怕的事？”

仰睡的保子朝信吾这边翻过身，那手势像要来拉信吾的手，但信吾没伸出手。于是，保子在信吾的枕头边轻轻摸了摸，告密似的说：“菊子大概又怀上孩子了。”

“什么？”信吾大惊。

“我觉得太快了些，可是房子说看起来像。”

菊子已不再会有表现自己怀孕的举动了。

“是房子这样说的？”

“太快了。”保子重复说，“后来房子也说快了些。”

“是菊子还是修一告诉房子的？”

“不是，只是房子的观察罢了。”

保子说的“观察”一词用得奇怪。信吾心想，离婚后回娘家的房子对弟媳居然投以探询的目光。

“你也可以说说，这一次可得当心啦。”保子说。

信吾心中十分难受，一听到菊子怀孕了，绢子妊娠带来的压力就更大了。

就算两个女人同时怀上一个男人的孩子，也没有什么不可思议。然而，这一旦发生在儿子身上，就会伴随着奇怪的恐怖。这难道不是某种东西的复仇或诅咒？不是一副地狱的面貌吗？

细想的话，怀孕不过是极其自然、健康的生理现象，然而，信吾此刻却无法产生这种豁达的想法。

而且，菊子这是第二次了。菊子上次堕胎时，绢子已经怀孕，而绢子尚未生产时，菊子又再度怀孕。菊子还不知道绢子怀孕。绢子怀孕别人大概已经看得出来，到了有胎动的时候了吧。

“这一次，我们大家都知道了，菊子不能随意行事了吧。”

“是吧。”信吾无力地说，“你也好好与菊子谈谈。”

“菊子生的孙子，你也会疼爱吧。”

信吾难以入眠。

有没有可以不让绢子生孩子的暴力行为呢？信吾焦急地想着，脑中浮现出一个凶恶的空想。

绢子说过，肚子里的孩子不是修一的，调查一下绢子的品行，或许可以找到令人宽慰的理由。

耳边传来了庭院里虫子的叫声，现在已是深夜两点过后。这叫声不是铃虫和松虫的，尽是些不甚了解的虫在叫。信吾觉得自己仿佛就躺在又黑又湿的土中。

近来做梦很多，黎明时，信吾又做了一个长长的梦。

中间的内容已记不住了，醒来的时候好像在梦中见到过两只白蛋。那是一片沙漠，除了沙子之外别无他物。那里有两只蛋，一只是鸵鸟蛋，相当大；另一只是蛇蛋，很小，蛋壳已经有点碎了，可爱的小蛇伸出头来蠕动着。信吾觉得它很可爱，一直看着它。

无疑，这是因为一直在想着菊子和绢子的事才会做这个梦的。但他搞不清楚，她们俩的胎儿哪个是鸵鸟蛋、哪个是蛇蛋。

“咳，蛇究竟是胎生的呢，还是卵生的?”信吾又在喃喃自语。

## 三

次日是星期日，信吾在床上睡到九点多，腿脚酸软。

早晨再想，鸵鸟蛋也好，从蛇蛋里钻出头的小蛇也好，都很可怕。

信吾忧郁地用牙签剔着牙，来到饭厅里。

菊子把报纸堆在一起用绳子捆上，大概是要去卖掉吧。

为保子把日报归日报、晚报归晚报分开，并按每天的顺序放好，这是菊子的任务。

菊子站起来，去帮信吾沏茶。“爸爸，两千年前的莲花报道出了两篇，您看了吗? 我给您单独拿出来了。”她边说边把两天的报纸放在矮脚食桌上。

“嗯，好像看过了。”不过，信吾再一次拿起了报纸。

从弥生式的古代遗迹中发现了大约两千年前的莲花种子，莲花博士使之发芽，结果开了花，这是上一次报上的报道。信吾当时把那张报纸拿到菊子的房间让她看，那是菊子在医院流产后刚回家躲在床上的时候。

这以后，关于莲花的报道又有了两次。一次是莲花博士把开花的莲花根分出一些种到母校东京大学的“三四郎”池[1]中。另一则报道是美国的事情，东北大学的某博士在中国东北的泥煤层中发现了像化石一样的莲花种子，将其送到美国，在华盛顿国立公园里，他们剥去了种子变硬的外壳，用湿脱脂棉包好，放在玻璃杯里。去年，它长出了可爱的嫩芽。

今年，将芽移植到湖中，它长出了两枝花蕾，开出了粉红色的花。据公园科的人士说，那是千年乃至五万年前的种子。

“上次看的时候也这么想过，若真如他们所说是千年乃至五万年前的种子，那计算的时间距离太大了。”信吾笑着重读报道，上面说日本的博士从种子被发现的中国东北的地层情况出发，想象那是数万年前的种子，可是在美国用碳十四的放射能检查种子外面剥落的硬壳，推测其为千年以前的种子。

这是来自华盛顿的新闻特派员报道的。

“可以了吗？”菊子捡起信吾放在一边的报纸，意思是，有莲花报道的报纸可以卖了吗？

---

1 指东京大学校园内的一个心字池。自夏目漱石的《三四郎》出版后被人们称作三四郎池。

信吾点点头。“千年也好，五万年也好，莲花种子的生命真长呵。与人类的寿命相比，植物的种子几乎是生命永驻啊。”说着，他看看菊子，“我们要是也能在地下埋上一二千年，活着休息就好了。”

菊子轻声说：“怎么埋在地下？”

“不是坟墓，不是死亡，而是休息。不过，要是真埋在地下，恐怕就不能休息了吧。经过五万年再被挖起来时，自己的痛苦、社会的难处全都解决了，世界也许已成为乐园。”

房子在厨房里给孩子吃东西，她喊：“菊子，爸爸该吃饭了吧。来帮我照看一下好吗？”

“好。”菊子起身，端来了信吾的早饭，“大家都先吃了，就剩爸爸您一人了。”

“是吗，修一呢？”

“去钓鱼池了。”

“保子呢？”

“在院子里。”

“哦，今天早晨不吃鸡蛋了。”信吾说着把装着生鸡蛋的小钵递给菊子。他因想起在梦里见到的蛇蛋而生厌。

房子送来了烤干鳝鱼，一声不吭地放在矮桌上，然后就到孩子身边去了。

信吾端住菊子盛了饭的碗，直截了当地小声问："菊子，你要生孩子了？"

"没有。"菊子马上回答。她好像对这个突如其来的提问感到吃惊，又摇着头说："没有，哪有这种事。"

"原来不是啊！"

"嗯。"菊子奇怪地望着信吾，红了脸。

"这一次想请你好好保重。上次和修一也谈论过，我说：你能保证以后会再生吗？修一很爽快地说：可以保证。我就说：这种事是无法无天的证明，连自己明天的生命不是也无法保证吗！那当然是修一和菊子的孩子，但也是我们的孙子。我想，菊子一定会生个好孩子的。"

"真对不起。"菊子低垂着头。

看来菊子并没有隐瞒。

房子怎么会说她好像怀孕了呢？信吾怀疑是房子打探过头了。不会有房子已经发现但菊子本人还一无所知的事吧。

信吾回过头去看刚才所说的话是否被厨房里的房子听到。房子好像已带着孩子到屋外去了。

"修一以前从未去过钓鱼池吧？"

"是的。他是听朋友们说的吧。"菊子说。信吾觉得修一的确和绢子分手了。过去，就是星期天，修一有时也会上情妇家去的。

“待会儿我们也去钓鱼池看看吗？”

“好。”

信吾走到庭院中，保子正站在那里仰望樱树。

“怎么啦？”

“没什么。樱树叶大部分都掉了，是不是生了虫子？我觉得这棵樱树上好像还有茅蜩在叫，可是树上已经没有叶子了。”

保子正说着，发黄的树叶又不断地散落下来。因为没有风，树叶不翻身便直接落地了。

“听说修一去了钓鱼池，我带菊子去看看就来。”

“是去钓鱼池吗？”保子回头问。

“我问过菊子了，她说没那回事，是房子误会了吧。”

“是吗，是你问的？”保子问得有点傻，“这真叫人泄气啊。”

“房子为什么会做这种任意的想象呢？”

“是啊，为什么呢？”

“我来问她。”

两人回到屋里，菊子已经穿好白色的毛衣和袜子，在饭厅里等着。

她搽了一点胭脂，显得很有生气。

## 四

电车车窗上突然映出红色的花，是石蒜。花开在铁路线的堤坝上。电车驶过时，花摇摆起来，显得很近。

信吾还看到户塚的樱树堤坝上也开着成排的石蒜花，那花刚开，红得亮丽。

这个早晨，红色的石蒜花使人感到秋季原野的静谧。

新的芒草穗也出现了。

信吾脱去右脚的鞋子，搁在左脚上，揉着脚底板。

“你怎么啦？”修一问。

“疲倦啊。最近上车站的楼梯，有时脚很疲软。总觉得今年体弱了，有生命力已经变差的感觉啊。”

“菊子也在担心，说爸爸太累了。”

“唔。因为我说过想入土去休息五万年。”

修一神情惊讶地望着信吾。

“谈到有关莲花种子的时候说的。报上说太古时代的莲花种子发了芽，又让它开花的事。”

“是吗？”修一点上一支烟说，“爸爸，您问菊子是否怀了孩子，菊子尴尬极了。”

“事实怎样？”

“还没有吧。”

“可是，那个叫绢子的女人的孩子怎样了？”

修一一下子问住了，不过他像反抗似的说：“爸爸去过了吧？听说她还拿了赡养费，这又何必呢！”

“什么时候听说的？”

“间接听说的，我和她已经分手了。”

“那孩子是你的吗？”

“当然不是。绢子自己强调的……”

“不管对方怎么说，这难道不是你良心的问题吗！到底怎样？”信吾的声音颤抖起来。

“靠良心是搞不清的。”

“什么？”

“我一个人再痛苦，对女人发疯一般的决心也无可奈何呀。”

“对方比你要痛苦吧。菊子也一样。”

“不过，分手后，我也觉得迄今为止绢子这个人过得很任性。”

“这样就行了吗？你难道不想知道那孩子是不是你的？还是你的良心已经知道了？”

修一不回答。作为一个男人，他那过分漂亮的双眼皮在不停地眨动。

信吾公司的办公桌上，放着有黑框的明信片。那是患肝癌的朋友的讣告，他因衰竭而死。信吾觉得他走得太早了些。

不知是谁给了他毒药，被他恳求的人也许不止信吾一人，也有可能他用别的方法自杀了。

另一封信是谷崎英子寄来的，是她从现在的服装缝纫店转到其他店去的通知，上面还写着绢子比英子稍晚一些辞去工作，退居到沼津去了。她对英子说，东京生活困难，她准备在沼津开一家自己的小店。

虽然英子没有提及，但是信吾仍然可以想到，绢子兴许是躲到沼津去生孩子了。

绢子是否如修一所说，已经是与修一和信吾都无关而任性地生活下去的女人呢？

信吾望着窗口明媚的阳光，一时间茫然若失。

只剩下和绢子同住的那个名叫池田的女人了，她孤身一人，该怎么办呢？

信吾想去见见池田或英子，打听一下绢子的情况。

下午，信吾去为朋友吊唁，这时才知道朋友的妻子早在七年之前就去世了。朋友和长子夫妇一起生活，家里有五个孙儿，但长子和孙子们都不像他。

信吾怀疑他是自杀的，当然这是不该打听的。棺木前所放的鲜花中有许多漂亮的菊花。

回到公司，与夏子面对面坐着看文件，这时菊子出人意料地打来了电话。信吾不知道又发生了什么事，十分不安。

“是菊子吗？你在哪里，东京吗？”

“嗯，回了娘家。”菊子爽朗地笑着说，“我妈说有事和我商量，回家一看，什么事也没有，她说因为寂寞，想看看我。”

“是吗？”信吾觉得一股暖流沁入心胸。诚然，菊子在电话里的声音像年轻姑娘那么动听，但是又好像不仅仅是这个缘故。

“爸爸，我可以回家了。”

“是吗？你的家人都好吗？”

“都好。我打电话给您，是想一起回去。”

“行吗？菊子可以多住几天嘛，修一那儿我会说的。”

“不，我要回去。”

“那么，你就绕到公司一下吧。”

“到公司去行吗？我是想在车站等您的。”

“可以到这儿来。和修一联系了吗？三人一起吃了饭回去吧。”

“他没在座位上，不知上哪儿去了。”

“是吗？”

“现在就去好吗？出发的准备已经做好了。”

信吾连眼睑都感到了温暖，窗外的街道一下子变得清晰了。

# 秋鱼

## 一

十月里的一天早晨，信吾想打领带，却突然不知所措地说："怎么，怎么了……"

他停下来，一脸的困惑。

"咳，怎么回事？"

他解开刚打的领带想再打，但还是打不起来。他扯着领带的两端，拿到胸前，歪着头瞅着它。

"您做什么呀？"

站在信吾侧后面准备为他穿西服的菊子，这时绕到他的跟前。

"领带打不起来，打领带的方法忘了，真奇怪。"

信吾动作笨拙地慢慢将领带绕在手上，试图将另一头穿过，却缠成了一团，不像样子。虽然嘴上说着奇怪，但信吾的目光却因阴森的恐惧和绝望而暗淡，使菊子大为吃惊。

"爸爸！"菊子喊道，"您怎么了？"

信吾愣愣地站着，仿佛丧失了努力想起打领带方法的力量。

菊子看不下去，把他的西服搭在一只手上，凑近信吾胸前。

“怎么打呢？”

菊子手持领带左右为难。她的手指在信吾的老花眼中模糊了。

“忘记打法了。”

“爸爸不是每天都自己打的吗？”

“就是嘛。”

在公司工作了四十年，每天系惯的领带，为何今天早晨一下子不会打了呢？本来根本不用思考打法也会自动系好的，照理应该是不成问题的。

信吾感到害怕，是不是自我丧失和掉队的一天突然来临了？

“我每天看着您打的。”菊子表情认真地把信吾的领带绕过来拉过去。

信吾打算让菊子为自己打。此时，他隐隐地产生了一种幼儿寂寞时撒娇的心情。

菊子头发的香味飘浮着。

她突然停下手，面颊通红，说：“不会打。”

“你没给修一打过吗？”

“没有啊。”

“只是在他喝醉回家时帮他解过吧。”

菊子稍稍离开一些，一直紧张地盯着信吾垂荡着的领带。

“妈妈可能知道打法。”她换了口气，扯着嗓子叫起来，“妈妈，妈妈！爸爸说他不会打领带……您能过来一下吗？”

“这又是为什么呀？”保子一脸傻相地跑过来，“你不是可以自己打吗！”

“他说忘记打法了。”

“不知怎的，一下子忘了，真奇怪。”

“是奇怪啊。”

菊子闪到一边，保子站到信吾跟前。

“唉，我也不大清楚，也忘了。”保子说着，拿领带的手轻轻抬起信吾的下颌。信吾闭起了眼。

保子总算打好了领带。

信吾的头被迫上仰着，也许是后脑部受到压迫的缘故，他的意识一下子模糊起来，眼前顿时都是金色的雪雾，闪闪发亮。这是大雪崩时的雪雾受到夕阳照射的情景。他好像还听到了轰鸣声。

是不是发生了脑溢血？信吾惊得睁开眼睛。

菊子屏住呼吸，注视着保子的动作。

那是从前信吾在故乡的山上所见到的雪崩的幻影。

“这样行了吗?”

保子打完领带，正在修整其形状。

信吾也用手去抚弄，碰到了保子的手指。

“啊。”信吾想起来了。大学毕业后第一次穿西服时，为自己打领带的是保子那美丽的姐姐。

信吾转向立柜的镜子，像要避开保子和菊子的眼睛似的。

“这就成了。哎呀呀，年老昏聩了。一下子会忘记怎么打领带，真是可怕!”

从保子会打领带看，莫非新婚时信吾的领带也是请保子打的?可信吾已经想不起来了。

保子在她姐姐死后去帮忙的时候，是否帮她那美男子姐夫也打过领带呢?

菊子穿着木拖鞋，担心地把信吾送到门口。

“今晚怎样?”

“没有会，能早回家。”

“请早点回来。”

像在大船上一样，从电车车窗可以看见秋高气爽时的富士山。信吾检查一下领带，发现左右颠倒了。左边的留得长，且绕着打结，大概是因为保子站在自己对面，所以搞错了。

“这算什么！”信吾解开领带，毫不费劲地重新打好。

刚才忘了怎么打领带的事，仿佛是纯粹的谎言。

## 二

近来修一和信吾结伴而归的天数不少。

全线行驶三十分钟左右的横须贺线，在傍晚时分每隔十五分钟开一趟，反而比较空。

在东京站，信吾和修一并排而坐，对面座位上坐着一个年轻的女人。

“劳您看着。”她对修一说完，把一只红底黑格手提包放在座位上后站起来。

“您是两位吗？”

“是吧。”年轻女人的回答模棱两可。她的脸上抹了许多粉，却不上胭脂，刚看到其背影，转眼就走到月台上去了。她身穿垫肩的瘦长的外套，线条从肩部朝下舒适地摆动着，一副柔美、潇洒的模样。

信吾佩服修一会突然问她是不是两个人，真是个机灵鬼。他怎么就知道女人在等约定的对象呢？

修一问过之后，信吾也肯定那女人是去找同伴了。

但是，女人靠窗位置的对面坐着的是信吾，她为什么要对修一打招呼呢？究竟是她站起来的时候正好朝着修一的方向呢，还是修一容易使女人接近？

信吾看着修一的侧脸。

修一在看晚报。

不一会儿，那年轻的女子走进电车。她在车门边抓住门框，再一次环视站台，可能是没有找到约好的人。女人回到座位上，她的淡颜色外套从上到下慢慢地晃动着，在胸口处有一个大纽扣，口袋开在靠前的最下方。女人的一只手插在口袋里，摇摇晃晃地走着。这与众不同的服饰与她十分般配。

她在修一的跟前坐了下来，与刚才外出时换了个座，并第三次朝门口回过头去，兴许是因为靠近通道的座位便于观察门口吧。

信吾前面的座位上放着女人的手提包。包呈椭圆的筒形，金属卡口很宽。

钻石的耳饰是人造的吧，却也闪闪发亮。在她紧绷绷的脸上，大鼻子很显眼。嘴巴小而美观。有点儿上翘的粗眉修剪得很短。漂亮的双眼皮线未到眼梢处就消失了。下颌处的曲线紧凑分明。是一类美女。

她的眼睛有疲倦的神色，年龄不详。

门口处闹哄哄的，年轻女子和信吾都朝那边看去。

五六名男子扛着很大的红叶树枝上了车，大声地谈论着，像是刚旅行完回来。

枫树叶的红色使信吾认定那来自寒冷地区。

那些人肆无忌惮地高声说话，使人知道那是越后深山里的红叶。

“信州的红叶已经很美了吧。”信吾对修一说。但是，比起故乡山上的红叶，信吾还是更容易想起保子姐姐去世的时候，那棵放在佛堂里的大盆景红叶。

当然，那时修一尚未出世。

信吾久久地凝视着给车厢染上季节色彩的、从座位上冒出来的红叶。

忽然间，他缓过神来，发现自己对面坐的是年轻女子的父亲。

原来那女子在等她的父亲，信吾不由感到宽心。

父亲和女儿一样，也是鼻子大，待在一起似乎有点儿奇怪。两人的发际处也一模一样。父亲戴着黑边眼镜。

父亲和女儿互不搭理，既不说话，也不对视。在到达品川站之前父亲在睡觉，女儿也闭着眼睛，令人感到他们连眼睫毛都长得一样。

修一与信吾就没有这么相像。

信吾一方面有着一种期待：这父女俩总得交谈交谈吧；

另一方面对他俩那种像陌生人一样的不搭界又产生一种羡慕。

也许他们是个很和睦的家庭。

因此，当年轻女子在横滨站单独下车的时候，信吾大吃一惊。他俩压根儿是不认识的路人，哪里是什么父女！

信吾十分懊丧，茫然若失。

旁边的男子在车子临出横滨站时稍稍睁了睁眼，不检点地继续打起了瞌睡。

年轻的女人一走，信吾觉得这中年男子一下子变得邋遢了。

## 三

信吾悄悄地用胳膊肘捅一下修一，小声说："不是父女嘛！"

修一没有信吾所期待的反应。

"你看了吗？没注意？"

修一点点头，像是答应的样子。

"真是不可思议。"

修一似乎并不感到不可思议。

"真像啊。"

“是啊。”

那男子睡着了，列车奔驰也有声响，但他们也不能大声议论就在眼前的人。

老盯着他看不好意思，信吾便低下头。此时，一种寂寞向他袭来。

本来他是觉得那男人过于寂寞的，可没过多久，这种寂寞就涌到了自己身上。

保土谷站到户塚站是路程较长的区间。秋天的天色晚了。

那男子虽然比信吾要小些，但也过了五十五岁，先在横滨下车的女子大概是菊子那样的年龄吧。菊子眼睛的美与她完全不同。

信吾在想：那女子为什么不是这位男子的女儿？他越想越纳闷儿。

世上有看上去酷似的人，但并不多见。对那位姑娘来说，这男子是酷似她的唯一的人。同样，对他来说，那姑娘也是酷似他的唯一的人吧。互相之间相像者都只有一个，或者说两人如此相像的例子在这个世上只有一对。可是，他们竟毫不相干地生存着，连做梦也不认识对方。

他们俩忽然间同乘在一辆电车上，有过第一次相遇，却不会再有第二次。这场相遇在漫长的人生中只占了三十分钟，而且连话都没说上一句便分手了。虽然并排而坐，但似乎并未好好端详对方，所以两人都没有意识到彼此间的相像。奇迹之人并不知晓自己的奇迹便离去了。

深感奇妙的倒是第三者信吾。

不过信吾也感到偶然坐在他俩前面观察到奇迹的自己不是也参与了奇迹吗？一对酷似父女的男女，在一生中被信吾遇上三十分钟，并得以观察，这究竟是怎么回事？况且，那年轻女子是等待来人未成，就与一个只能被认为是她父亲的男人并排而坐。信吾只能自语，这就是人生吧。

电车在户塚站停车后，睡觉的男子慌慌张张地站起来。行李架上的帽子掉落在信吾的脚边，信吾捡起来交给他。

“哦，谢谢！”他连灰尘也不掸一下，把帽子戴在头上走了。

“真有叫人纳闷儿的事。他俩竟然毫不相识。”信吾的声音得到了解放。

“像是像，但体型不同。”

“体型……”

“姑娘腰板挺直，而刚才那大叔却佝偻着。”

“女儿穿得挺时尚，老父亲穿得破烂，这在社会上不是常有的事？”

“可服装的线条还是不同。”

“嗯。”信吾点点头，“那女子在横滨下了车吧。其实，当那个男子单独一人的时候，我一下子觉得他看上去潦倒了。”

“是吧，一开始就是那感觉。”

“不过，即使突然觉得他潦倒，我还是感到不可思议，好像是我自己一样，但他比我可要年轻得多呀……”

“确实，老年人和年轻漂亮的女人在一起非常显眼，爸爸您觉得怎么样？”修一逼问父亲。

“像你这样的年轻男人，人家才会羡慕地打量。”信吾在蒙混。

“我可不羡慕。年轻的一对美男美女总觉得不够稳重；丑男子和美女在一起又觉得太可悲；美女委身于老人才好啊。”

信吾还是没有放下刚才那两人奇妙的情形。

“可是，刚才那两人可能真的是亲父女，我是这会儿忽然想到的，那姑娘是不是他在别处生下的孩子，从未见过面，所以父女双方都不知道关系。”

修一把头扭向一边。

信吾说完后觉得“糟糕”。不过，既然已被修一当作含沙射影，不如直说。“二十年之后，说不定你就是这样。”

“原来爸爸想说的就是这一点啊！我可不是那种伤感的命运论者。敌人的枪弹贴着耳朵尖叫的时候，一颗子弹都没打中我。在中国和南方，或许有我的私生子，可能会碰到私生子又互不认识地分手，但比起耳边呼啸而去的子弹，这又算得了什么呢？没有生命的危险。再说，绢子也未必会生女儿，她说了那不是我的孩子，我也只当不是嘛。”

“战争与和平的时代是不同的。”

“今天，也许一场新的战争正向我们逼来，即使是这之前与我们有关的那场战争，也像幽灵那样追赶着我们。”修一憎恨地说，“那姑娘稍稍与众不同，所以爸爸才悄悄感到她的魅力，啰啰唆唆地绕着弯儿表达奇怪的想法。那女人不过和其他女人在某种地方稍稍不同而已，男人总归会逮住她的。”

“你认为女人稍有不同，就可以让她们生孩子、抚育孩子吗？”

“并非我要，要这样做的是女人！”

信吾说不出话来。

“在横滨下车的那个女人，她是自由的！”

“自由是什么意思？”

“没有结婚，一叫就来，做出一副很高贵的样子，但其实没有正经的生活，处于不稳定的状态中。”

信吾被修一的观察吓得畏缩。

“你真是不可救药，什么时候变得如此堕落？”

“连菊子也是自由的，真的是自由的。既不是士兵，也不是囚徒。”修一挑战似的一气说出。

“说自己的老婆自由是什么意思？你对菊子也这么说吗？”

“菊子要由爸爸去说。”

信吾强忍着问：“也就是说，你要我去叫菊子离婚？”

“那倒不是。”修一压低嗓门儿，“刚才不是说了，在横滨下车的姑娘是自由的吗？那姑娘与菊子的年龄差不多，您不是觉得那两人很像父女吗？”

“什么？”

信吾出乎意料，怅然若失。

“不对，我是说如果他们不是父女，倒是相像得令人感到出奇。”

“可这并不像您说得那么令人激动。”

“不，我感到激动。”信吾尽管这样回答，可是菊子心灵深处的东西被修一道破，他感到嗓子眼儿哽塞了。

拿着红叶的乘客在大船下车了。信吾目送着红叶枫枝从月台上离去，说：“我们回信州去看看红叶吧。和你妈、菊子一起去。”

“是吗？不过我对红叶不感兴趣。”

“想看一看故乡的山啊！在你妈的梦里，她的家已经荒芜不堪了。”

“是荒掉了。”

“如果不趁还能修理的时候修好，会朽坏的。”

“结构很结实，并未破烂不堪，要修的话……不过，去修好它又怎么样呢？”

“啊，我们去隐居吧。有朝一日也许你们又会来疏散。”

“这一次我来看家。菊子还没看过爸爸的老家，去一次也好。”

“近来菊子怎样？”

“我的情妇没了，菊子也有点厌倦了吧。”

信吾苦笑。

## 四

星期天下午，修一好像又去钓鱼池了。

走廊上晒着一排棉坐垫，信吾躺在上面，头枕着胳膊晒秋天的太阳。

阿照也躺在前面的脱鞋石上。

保子在饭厅读报，膝盖上放着十天的报纸。看到有趣的消息，信吾就叫保子读给他听。因为次数太多，信吾含糊地回答之后说：“保子，星期天你不要看报了！”说完，懒洋洋地翻了个身。

在客厅的壁龛前，菊子在插土瓜。

“菊子，你在后山上找的吗？”

“嗯，很漂亮，所以……”

“山上还有吧？”

“有，还有五六只呢。”

菊子手中的蔓上结了三只瓜。

信吾每天早上洗脸的时候，都要看看芒草上方后山上土瓜的颜色。一放到客厅，土瓜就红得更夺目了。

信吾看着土瓜时，也看到了菊子的身影。

菊子从下颌到脖子的线条高雅，美得难以言表。信吾心想：光一代人是形不成这样的线条的，这是经过几代的血统才产生的美。信吾感到悲伤。

或许是发型和脖子显眼的缘故，菊子看上去有些消瘦。

信吾十分清楚地知道，菊子细长脖子的线条很美，不过，现在他稍稍离开一些距离，从躺着的角度看，那线条显得更美了。

也许是秋季的光线好。

那下颌至脖子的线条中还透出了菊子在姑娘时代的气息。

不过，这条线变得柔软、丰满了，姑娘时代的气息正在消失之中。

“再说一条……”保子又叫信吾，“这里有有趣的事！”

"是吗?"

"是美国的消息。纽约州布法罗，布法罗……一个男子因为汽车事故掉了左耳，到医生那儿就诊。医生突然跑出门外，赶到现场，找到血淋淋的耳朵，捡回医院，再接在那只耳朵的伤口处。据说现在，耳朵长得很好。"

"手指被剁掉后马上接的话，也能接好。"

"是吗?"保子又看了一会儿别的报道，想起来似的说，"夫妇也一样吧。分手不久破镜重圆，有的又会关系很好的。分手后时间不能太久。"

"你说什么呀?"信吾不经意地问。

"房子的事不就是吗?"

"相原是生死不明，去向不明啊!"信吾轻声回答。

"去向只要查一下就可明白……真不知现在情况怎样了。"

"这是老太婆的不干脆。不是早就提交了离婚登记书吗?好死心了!"

"我从年轻时代起就最擅长死心，可是现在房子那样拖着两个孩子就在眼前，这该怎么办才好呢?"

信吾不吭声。

"房子长得又不好，即使有再婚的机会，要是把两个孩子放在这儿自己走，怎么说菊子也太可怜了。"

"要是到这一步，菊子当然要分开住，孩子由外婆抚养。"

“我嘛，倒不是不肯卖力气，难道你不认为我有六十多了？”

“谋事在人，成事在天啊！房子上哪儿去了？”

“去看大佛了。孩子有的地方真奇怪，里子有一次去看大佛回来差点被车轧着，却喜欢上大佛，经常想去。”

“大概不是因为喜欢大佛吧？”

“是喜欢大佛。”

“是吗？”

“房子不回乡下去做继承人吗？”

“乡下的房子要什么继承人！”信吾断然拒绝。

保子沉默了，继续读报。

“爸爸。”这一次是菊子在叫，“妈妈说的耳朵的消息，使我想起爸爸上次说过把头和身体分离，能否到医院去清洗和修理的事。”

“对了，是看到邻居家向日葵开花的时候吧。看来是有这个必要了。忘了打领带的方法，把报纸倒着看也不当回事了。”

“我经常想到这事，真想把脑袋弄进医院里去。”

信吾看着菊子，说：“是啊，每天都好像把脑袋寄存在睡眠医院里一样。但是，因为上了年纪吧，经常做梦。‘心中有痛苦，就会做与现实相连的梦’，我好像梦见过这句歌词所说的某种现实。尽管我的梦不一定是现实的延续。”

菊子对插好的土瓜左看右看。

信吾也看着土瓜的花，唐突地说：“菊子，你就分开住吧。”

菊子吃惊地站起来，转过身，走到信吾身边坐下。

“我害怕分开住，害怕修一。”菊子说得很轻，不让保子听见。

“菊子想和修一分手吗？”

菊子一本正经地说：“万一分手，我是否能尽情地照顾爸爸？”

“那是菊子的不幸呀。”

“不，高兴做的事情是不可能不幸的。”

这好像是菊子第一次表现出的激情。信吾一惊，感到了危险。

“菊子待我好，是否把我错当成了修一？我觉得这样反而更加会使你与修一产生隔膜。”

“他有许多地方我搞不懂，时常会突然变得十分可怕，真是无可奈何。”菊子面色苍白地倾诉似的看着信吾。

“是啊，修一是参加了战争以后变的，我也无法掌握他的真心所在，故意……不过，我们不说这些，血肉模糊的耳朵尚能轻而易举地接上，你们今后会好的吧。”

菊子一动不动。

“修一没对你说，菊子是自由的吗？”

“没有。”菊子抬起头，目光惊异，“自由？”

“嗯。我也反问修一，说自己的老婆自由是什么意思？细细琢磨，也许是菊子从我身上得到更多自由，我也让菊子更加自由的意思吧。”

“我是指爸爸您吗？”

“是啊。修一说，让我对菊子说，你是自由的。”

这时，天上发出了声响，信吾真的认为自己听到的是来自天空的声音。

抬头仰望，只见五六只鸽子从庭院上方低低地斜飞而去。

菊子好像也听到了声音。她跑到走廊顶端，目送着鸽子，热泪盈眶地说：“我是自由的吗？”

脱鞋石上的阿照也追随着鸽子的声音，向庭院对面跑去。

## 五

这个星期天的晚餐时，一家七人到齐了。

离婚后回娘家的房子和两个孩子，如今自然也算是家庭成员。

“鱼铺里只有三条香鱼，给里子一条吧。”菊子说着，在信吾、修一和里子前面各放一条。

“香鱼可不是孩子吃的东西。”说着，房子伸出手去，“给外婆吃。”

“不！”里子摁住盆子。

“好大的香鱼啊。这是今年最后的香鱼了吧。我在外公那儿吃一点，不要了，菊子吃修一的吧……”

这么一说，这里有三组人合居，也许该说是三户人家。

里子首先动筷，光盯着香鱼。

“好吃吗？吃相难看啊！”房子虎着脸，用筷子夹住香鱼的鱼籽，送到小女儿国子口中，里子也不说什么。

“给我鱼籽……”保子小声说着，把信吾那条鱼的鱼籽一端用自己的筷子掐下。

“过去在乡下，在保子姐姐的鼓动下，我作过俳句，还用了秋鲇（秋季的香鱼）、落鲇（秋季为产卵而顺流直下的香鱼）和锈鲇（秋天的香鱼）等季节用语呢！”信吾说着，忽然看着保子的脸，又往下说，“那俳句是说香鱼产卵后疲惫不堪，姿色大减，不成样子，晃晃悠悠地下海。”

“就像我一样。”房子紧接着说，“我从生出来就没有香鱼的姿色。”

信吾当作没听见，又说：“过去还有‘秋香鱼，今将自身随波流’‘应时鲇，拼命下游不知死’之类的俳句，总像是在说我。”

“是说我吧。”保子说，“产卵后下海会死掉吧？”

“我想的确会死。躲在河流深处的香鱼偶尔能活过年，那叫作泊香鱼。”

“我也许就是那泊香鱼。”

“我连泊的份儿也没有。”房子说。

“不过，回到家以后，房子胖了，气色也好了。”保子看着房子。

“我讨厌胖。”

“回到娘家，就好像躲在河流深处的鱼一样吧。”修一说。

“不会久待的，讨厌！我会下海去！”房子高声说。

“里子，净是骨头，别吃了！”房子厉声责备。

保子做出怪表情，说：“你们爸爸有关香鱼的话，使难得品尝的香鱼的味道都没有了！”

房子低着头，嘴巴紧张地动着，一本正经地说：“爸爸，能不能让我开一家小店啊，化妆品店、文具店都行，不论在什么偏僻的地方都行。我想开一个货摊或站立吃饭的饮食店。”

修一吃惊地问：“姐姐还会做接待客人的工作？”

“会啊！客人又不会来喝女人的脸，他们是来喝酒的。你有着漂亮的太太，胡说些啥？”

“我不是那意思。”

“姐姐会的，女人嘛，都会做接待客人的生意。”菊子冷不防地冒出来，“姐姐开成了店，请允许我去帮忙。”

“嗐，这可真是了不起呀！”

修一露出一副吃惊的样子。饭桌上一下子沉寂了。

菊子的脸一直红到耳根。

“怎么样，下个礼拜天全家一起去乡下看看红叶？”信吾说。

“观红叶嘛，真想去呀！”保子的眼睛一亮。

“菊子也去吧。你还没去过我们的老家呢！”

“嗯。”

房子和修一都憋着气。

“谁看家？”房子问。

“我来看。”修一回答。

“我来吧！”房子反抗道，“不过，到信州去之前，爸爸请回答刚才提出的事。”

“那就先做一个结论吧。”信吾边说边想起腹中怀着婴儿去沼津开小裁缝店的绢子。

饭后，修一率先起身离去。

信吾揉着酸痛的后颈项站起来，下意识地朝客厅里张望了一下，点上了灯，嚷道：

“菊子，土瓜垂吊着，挺重的！”

因为洗餐具的声响，菊子好像没听见。

（一九四九年——一九五四年）

# 译后记

《山之声》是川端康成的长篇小说代表作。一九四九年五月至一九五四年四月间断续发表在《改造文艺》等杂志上。一九五四年由筑摩书房出版单行本。一九五二年与《千鹤》一起获得日本艺术院奖，一九五四年获得野间文艺奖。

主人公六十二岁的尾形信吾生有一男一女，儿子因参加“二战”而精神荒废，女儿则与女婿分居，带着孩子回娘家住。近来，信吾强烈地感受到自己的老态：失眠、健忘、多梦、喃喃自语，夜里还听到了地鸣般巨大的声响“山之声”（原文为“山之音”。中文中音小声大，故作此译），居然还会做奇妙的性梦。他想起了以前的恋人——自己妻子保子已经去世的姐姐，在他心目中的“永远圣洁的少女”，并在儿媳菊子的身上看到了昔日恋人的面影。儿子修一有了情人绢子，她是战死者的寡妇。修一有了绢子之后，便完全无视妻子菊子的存在。女婿从酗酒到贩毒，最后走上了殉情之路。后来，修一的妻子和情妇先后怀孕，出于人格上的洁癖，菊子果断堕胎，而情妇却执意要生下孩子。信吾对儿媳菊子怀着超乎公公身份应有的同情和怜悯，却仍然无法改变菊子的境遇。为了菊子的幸福，信吾主动让他们夫妇分开住。菊子对分居后的生活感到恐惧，愿意与公公生活在一起，并永远照料他的生活。

这部作品体现了川端康成文学创作中的一贯主题——死亡与梦幻，其艺术表现手法也与其他的作品有一脉相承之处，善于描写春夏秋冬季节转换中的各种自然景观，并以此来烘托作品的主题。本作品也较好地表现了“二战”后日本封建家长制进一步崩溃时的状况，特别是由传统价值观逐渐丧失、民主意识得以确立所引发的家庭矛盾，具有较强的社会性，亦可视为一部反映战后初期日本家庭生活的家庭小说。与作者的其他作品相比，它具有现代的通俗性。信吾一家的生活被认为是当时日本社会普通家庭生活的缩影，因此也被认为是具有中间小说典型特征的作品。

本作品中，作者写信吾日有所思，夜有所梦，“梦因愿望而起”，产生了种种荒唐和淫乱的梦。作品中明确写到的信吾的梦有九个：1. 与死去姑娘接触的荒唐的梦。2. 关于日本三景之一松岛的梦，梦中信吾在松树荫下的绿草地上拥抱女人。3. 保子姐姐叫信吾的梦。4. 有关十四五岁的圣洁少女堕胎的梦。5. 有关美国男子胡子的梦。6. 菊子出嫁前与修一有交往的女子的梦。7. 年轻的陆军军官刀劈蚊群的梦。8. 蛇蛋与鸵鸟蛋的梦。9. 白日梦。这些梦在作品情节的开展、时间推移及主人公的心理分析方面，都起着重要而微妙的作用。如长谷川泉所说：“作为梦的分析，它们说明了信吾内心深处的真实。梦将幻想的可能性无限地扩大了，因此，信吾的思绪可以随心所欲地飞翔。”这里，我们也可以看到《山之声》中回响着弗洛伊德学派的影响。早在二十世纪二十年代，川端就提到过释梦和自由联想。他是梦的爱好者，在梦境里，可以摘取人格的面具，变成大胆而放肆的“无赖放荡之徒”，无拘无束地表露人的情感与欲望，道德与非道德，甚至可以超越生死的界限。

川端康成文学的人物审美及自然审美观形成的过程中，死亡情调、美之极致的悲哀及无常观的表现也可有助于我们在更深的文化层面了解川端康成的艺术性。据统计，川端的第一次全集中，有三十四篇作品在开头的五行里含有死或与死直接有关的文字，占全集的三成。《山之声》的主人公信吾在夜间听到的山之声就预示着死亡。作品中，他的朋友、熟人相继死去，他在老境中的记忆也日渐消退。死亡逼近的预感比死亡本身更令人恐惧。在川端康成看来，人只是一种走向死亡的存在，因此也是一种根本性的空虚和孤独。这一切使他把生的拯救寄托于美，美即虚无，虚无即死，死成了美。此外，“人生是短暂的”，这种意识给日本文学带来的影响就是“无常”，日本的无常观总是围绕着佛教的无常观展开。川端康成是一个十足的“死亡美学的爱好者”。他认为爱是飘忽无常的，只有死才是终结。死净化一切，也宽宥了一切。他的文学用一双“临终的眼”，冷静、深邃地审视着人的生命，作品中少有让人感到生的充盈和喜悦，倒是多有笼罩死亡的阴影。《山之声》的冷艳幽寂，缭绕着死的氤氲，显现出一种荒凉和颓废的美。

评论家奥野健男认为川端康成的文学并不代表日本近代文学的主流，认为其“可以称作为一个异端”。三岛由纪夫则说，“他实际上是一位写微小东西的巨匠”。他的作品缺少社会性也是文坛公认的。不过，《山之声》在这方面还算有所例外。在本作品中，作者试图从各个方面把自己对社会的“日常生活”“社会习惯矛盾”和风俗、因价值观变化而产生的烦恼尽力表现出来。归纳起来说，大概有以下三个方面：1. 反映战争造成的损害及阴影。2. 反映战后思想观念的改变。3. 反映战后极为混乱的世态。因此，可以说，《山之声》是川端创作中最具社会性的一部小说。

此外，家庭小说往往以它的现代通俗性为特征，《山之声》所反映的信吾一家的生活和社会众生相明显具有这个特点。如伊藤整所说，《山之声》“更具写生性，而且将日常生活中人的形象，用连续的小速写描绘出来……大概作者想在《山之声》里把平时得到的印象和写生以及当时的社会风俗都正确地表现出来吧。这种态度即所谓面向‘真正的’小说创作的态度”。译者认为：这“真正的”小说就是中间小说。战后有不少纯文学作家在一定时期里都写了通俗性文学作品，川端康成也在《山之声》中做了有益的尝试，并取得了优异的成果。

谭晶华

二〇二一年十二月八日

**图书在版编目（CIP）数据**

山之声/（日）川端康成著；谭晶华译. --长沙：湖南文艺出版社，2023.1
ISBN 978-7-5726-0918-3

Ⅰ.①山… Ⅱ.①川… ②谭… Ⅲ.①长篇小说-日本-现代 Ⅳ.①I313.45

中国版本图书馆CIP数据核字（2022）第198718号

山 之 声
SHAN ZHI SHENG
[日] 川端康成 著 谭晶华 译

出 版 人 陈新文
出 品 人 陈 垦
出 品 方 中南出版传媒集团股份有限公司
上海浦睿文化传播有限公司
上海市巨鹿路417号705室（200020）
责任编辑 吕苗莉
装帧设计 凌 瑛
责任印制 王 磊
出版发行 湖南文艺出版社
长沙市雨花区东二环一段508号（410014）
网 址 www.hnwy.net
经 销 湖南省新华书店
印 刷 深圳市福圣印刷有限公司

开本：787 mm × 1092 mm 1/32 印张：9.75 字数：168千字
版次：2023年1月第1版 印次：2023年1月第1次印刷
书号：ISBN 978-7-5726-0918-3 定价：59.00元